BIBLIOTHÈQUE
CHRÉTIENNE ET MORALE

APPROUVÉE

PAR MONSEIGNEUR L'ÉVÊQUE DE LIMOGES.

In-8°; 4e Série.

SAINT FRANÇOIS DE SALES.

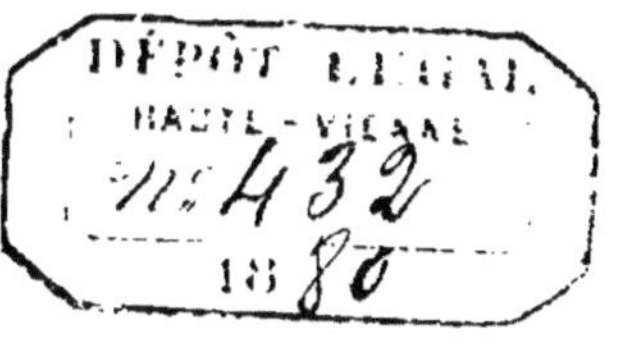

LA VIE

DE

S. FRANÇOIS DE SALES

ÉVÊQUE ET PRINCE DE GENEVE.

LIMOGES

ANCIENNE MAISON BARBOU FRÈRES.

CH. BARBOU, IMPRIMEUR-LIBRAIRE-ÉDITEUR,

Avenue du Crucifix.

I

Naissance *de* François de Sales. — Son éducation.

François de Sales naquit le 21 août 1567, au château de Sales, dans le diocèse de Genève. Son père, qui descendait d'une des plus anciennes maisons de la Savoie, avait passé une grande partie de sa jeunesse au service du prince; de retour au château de ses ancêtres, il avait épousé

Françoise de Sionas, personne non moins recommandable par ses vertus que par l'illustration de son origine.

La naissance d'un fils combla de joie les deux époux. La comtesse de Sales remercia Dieu d'avoir exaucé son vœu le plus cher en lui accordant les douceurs de la maternité, mais en même temps elle le supplia de lui ravir ce bonheur, si ce fils bien aimé devait un jour déserter son culte, et se laisser corrompre au contact du siècle. Ces beaux sentiments reçurent une haute récompense : Françoise de Sionas eut la gloire de donner le jour au plus vertueux prélat qui ait illustré le trône de Genève, à un grand saint.

François vint au monde avec une complexion très-délicate, et durant ses premières années, ses jours furent fréquemment menacés par les maladies ; mais Dieu, qui devait en faire l'instrument de sa Providence, ne permit pas à la mort de moissonner cette jeune fleur, et écarta peu à peu les dangers qui avaient environné son berceau. Sa santé se rétablit, ses membres se fortifièrent, et il acquit chaque jour de nouveaux charmes et de nouvelles grâces. Mais ce qui est bien plus précieux, à mesure que François croissait en âge, il croissait aussi en vertu. Sa piété, sa bienveillance, son obéissance et sa modestie lui ouvraient tous les cœurs. Sa mère se plaisait à cultiver ces qualités naissantes : elle l'instruisait dans tout ce qui concerne le service de Dieu, lui faisait lecture de la vie des saints, et lui parlait sans cesse de la bonté divine. Elle lui apprenait à avoir une horreur excessive du mensonge, et à préférer subir le châtiment dû à une faute que s'y soustraire en voilant la vérité.

Le jeune enfant accompagnait la comtesse dans tous ses exercices de piété. Si elle se rendait à l'église, on le voyait à ses côtés ; si elle allait répandre des aumônes dans la maison des malheureux, il y était aussi. A l'office il se faisait remarquer par un recueillement digne d'un âge beaucoup plus avancé; auprès des malheureux il montrait une inépuisable charité, s'empressant de mettre sa bourse à leur disposition et partageant même avec eux sa propre nourrîture. Aussi avait-il l'affection de tous les vassaux et était-il cher à tous ceux qui le connaissaient.

Lorsqu'il eut atteint l'âge de six ans, son père, qui tenait à lui donner une brillante éducation, voulut l'envoyer au collége. La comtesse eût de beaucoup préféré lui voir poursuivre au château le cours de ses études, sous la direction de maîtres habiles; car elle craignait pour son fils les dangers des écoles publiques. Mais il fallut céder au désir paternel, et François dut se rendre d'abord au collége de la Roche, où il resta fort peu de temps, puis à celui d'Annecy.

A peine installé, il se distingua parmi tous ses compagnons par ses vertus et ses succès. Doué d'une riche mémoire et d'une grande intelligence, il prit et conserva sans peine le premier rang. Bientôt même il ne trouva plus d'occupations suffisantes dans les devoirs classiques, et il se créa des études particulières pour remplir ses loisirs. Son caractère gai et réfléchi semblait lui accorder une aptitude spéciale pour toutes sortes de

travaux en même temps qu'il le préservait des dis-
sipations du jeune âge. Mais il se plut surtout à
donner un nouvel essor aux belles vertus que sa
mère avait cultivées au manoir paternel : la lecture des bons livres et des prières ferventes entre-
tenaient sans cesse dans son âme la piété et l'a-
mour de Dieu.

François obtenait à Annecy des succès trop fa-
ciles ; aussi son père songea à lui donner pour
professeur des maîtres plus renommés, et il voulut le placer au collége des Jésuites de Paris,
afin qu'il poursuivît aussi loin que possible l'étude des sciences et des belles lettres. Quelle douleur dut ressentir la pieuse comtesse à l'annonce
de cette décision ! Son cœur maternel ne fut-il pas
déchiré à la pensée d'une séparation qui la prive-
rait de son fils pour bien des mois? Certes on n'en
saurait douter. Mais ce qui l'effrayait le plus c'était
de voir ce fils chéri exposé au contact du monde,
dans la capitale de la France, loin de l'égide d'une
mère. Aussi combien de conseils elle lui prodigua
avant son départ! joignant les larmes aux cares-

ses, elle ne cessait de lui répéter ces paroles de Blanche de Castille : « Mon fils, j'aimerais mieux vous voir mort que coupable d'un seul péché mortel. »

Ce fut en l'an 1578 que François se rendit à Paris. Il était accompagné d'un prêtre vertueux nommé Déage, qui devait lui servir de précepteur. Entré à l'école des Jésuites, il continua comme par le passé à se signaler par sa facilité au travail et par sa précoce intelligence. Durant les années de rhétorique et de philosophie il obtint les plus brillants succès.

Non-seulement il réussit dans la carrière des études, mais il cultiva avec honneur tous les arts d'agrément. Voulant complaire à sa famille qui désirait le voir gentilhomme accompli, il s'exerça à la fois à l'équitation, à l'escrime et à la danse.

Pour se délasser des exercices que d'autres regardent comme agrément et qui pour lui n'avaient aucun charme, il étudiait avec ardeur l'hébreu, le grec et la théologie positive sous la direction de Génébrard et du père Maldonat, professeurs célèbres de l'époque. Il faisait surtout ses délices de la lecture de l'Ecriture sainte, et consacrait ses loisirs à en méditer les principaux passages.

Pendant ses récréations il recherchait la compagnie des personnes les plus vertueuses et s'entretenait avec elles des moyens de rendre sa vie entièrement conforme à la volonté de Dieu. Un des hommes avec lesquels il se plaisait le plus, était le Père Ange de Joyeuse, qui, après avoir passé sa jeunesse au milieu des camps et des cours, était venu chercher son repos à l'ombre du cloître et sous la robe de bure du capucin. Ce religieux, qui mortifiait son corps pour le punir des fautes passées, engagea François à employer ce remède contre les passions, et le jeune de Sales, pour suivre cet avis, résolut de porter, chaque semaine, le cilice pendant trois jours.

On croit qu'à cette époque il prit l'engagement solennel de se consacrer entièrement à Dieu. Comme il allait fréquemment prier dans l'église de Saint-Etienne-des-Grès, un jour qu'il était en oraison, il entendit une voix intérieure qui lui

disait d'abandonner le monde et de mettre tout
son bonheur en Dieu. Alors, dans la chaleur de
son enthousiasme, il prononça le vœu de chasteté perpétuelle, et supplia la Reine des vierges
de lui donner assez de force pour tenir son serment. Il la conjura de le détacher des vaines af-
fections du monde et de le garder à l'abri des sé-
ductions. Mais Dieu, qui voulait éprouver sa vertu
pour rehausser sa gloire, permit que les tentations
vinssent l'assaillir de toutes parts. Une sombre
mélancolie remplaça dans son esprit cette douce
quiétude dont il avait joui jusqu'alors, et il
s'imagina que le ciel lui était fermé à jamais. Au
lieu du céleste héritage qu'il avait rêvé, il aperçut
l'enfer entrouvert sous ses pas, et il se crut damné.
Rien ne pouvait chasser les pénibles pensées qui
l'assiégeaient alors, et il refusait d'en faire part
à qui que ce fût. Son précepteur était désolé d'un
changement si subit dont il ne pouvait deviner
le funeste secret. En même temps la santé du
jeune comte s'altérait sensiblement, le sommeil
fuyait ses paupières, et son corps, qui ne prenait

plus d'aliment, s'affaiblissait de plus en plus. On regardait donc sa vie comme sérieusement en péril, lorsque Dieu mit un terme à l'épreuve. Ne pouvant vaincre la terrible maladie qui le minait par les secours naturels, François rassembla toutes ses forces pour se rendre à l'église de Saint-Etienne-des-Grès. Là, il se jeta aux pieds de l'image de la Vierge qui avait reçu son serment, et la pria avec larmes d'obtenir de son divin Fils la guérison de son âme. « Qu'il me soit du moins » permis, disait-il, de consacrer tout mon amour » sur la terre à ce Dieu puissant que je suis con-» damné à ne voir jamais. » A peine eut-il achevé sa prière, qu'il sentit son cœur soulagé. Le calme revint dans son esprit, et par suite son corps recouvra peu à peu la santé.

II

En 1585, les études de François à Paris étaient
terminées. Il reçut, à cette date, une lettre de son
père, qui lui enjoignait de se rendre à l'université
de Padoue, pour y étudier le droit et la théologie.
Toujours fidèle à suivre la volonté de son père, il
s'empressa de se rendre dans cette ville. Guy

Pancyrole lui enseigna le droit, et le père Posse-vin, la théologie. Ce dernier fut à la fois son professeur et son directeur spirituel, et, à ce double titre, il ne s'occupa pas moins de faire germer les précieuses vertus écloses dans l'âme de son jeune élève, qu'à orner son esprit de connaissances nouvelles. Aussi François eut-il le bonheur de se conserver pur au milieu d'une société où régnaient le libertinage et la licence. Tandis que ses grâces personnelles et ses richesses semblaient multi-plier autour de lui les périls, il sut éviter toutes les occasions qui pouvaient l'entraîner au mal, en fuyant avec soin la compagnie des jeunes débau-chés. Lorsqu'il se sentait assailli par une trop forte tentation, il se représentait l'œil de Dieu fixé sur lui, et cette pensée suffisait pour vaincre le danger.

Tandis que le jeune comte se préparait à subir l'épreuve du doctorat, une cruelle maladie vint arrêter le cours de ses études. Le mal fit en peu de jours de si rapides progrès, qu'on désespéra

de sa guérison : les médecins eux-mêmes se dé-
clarèrent impuissants à le sauver. Cette nouvelle
accabla de douleur tous les amis de François.
Quant à lui, il n'en fut pas troublé : l'annonce de
sa mort prochaine lui occasiona, au contraire, une
sainte joie. Il lui tardait de voir arriver le moment où Dieu briserait son enveloppe mortelle
pour lui donner place au séjour des élus. Aussi
ne donnait-il aucun regret au brillant avenir qui
l'attendait dans le monde, et à la gloire que la
science lui promettait. Son précepteur lui ayant
demandé ce qu'il voulait qu'on fit de sa dépouille
mortelle : « Donnez-la, dit-il, aux étudiants en
» médecine pour être disséquée. J'ai souvent re-
» marqué que la difficulté de se procurer des ca-
» davres les expose à des profanations coupables,
» et fait naître des querelles sanglantes entre
» eux et les parents des morts. Heureux si, après
» avoir été inutile pendant ma vie, je puis être
» de quelque utilité après ma mort. » Mais Dieu
qui veillait à la conservation de son serviteur,
léjoua les prévisions de la médecine. La santé

de François se rétablit, et il put reprendre ses études.

A l'âge de vint-quatre ans, le comte subit les épreuves du doctorat. Il s'en tira avec un si grand succès, qu'il reçut les félicitations de tous les savants de Padoue, et que Pancyrole le donna pour modèle à toute l'université.

Après ce triomphe, il se disposait à retourner auprès de sa famille, lorsqu'une lettre de son père lui prescrivit de faire le voyage d'Italie. Pour se conformer au désir paternel, il se rendit à Ferrare, et de là à Rome. Il salua avec bonheur la capitale du monde chrétien, la ville imprégnée du sang des martyrs. Une de ses premières visites fut pour le tombeau des apôtres ; puis il inspecta successivement les monuments du culte catholique, et les vestiges du paganisme. En parcourant les débris de cette Rome païenne, qui pendant tant de siècles avait gouverné le monde, il réfléchissait à l'inconstance des choses humaines, et sentait son cœur se détacher de plus en plus de ces biens terrestres qu'un simple coup de fortune peut donner et ravir. Un saint enthousiasme remplissait son âme à la vue de ces amphithéâtres où tant de généreux athlètes n'avaient pas hésité à défendre leur foi au prix de leur sang et de leur vie. Il regrettait de ne pas vivre à une époque où il eût fallu sceller par le martyr son attachement à Dieu et à l'Eglise.

François demeura quelques jours à Rome, puis il fut s'agenouiller à Lorette aux pieds de la vierge Marie, pour la remercier de l'avoir si miraculeusement protégé durant sa maladie. Ce pieux pèlerinage accompli, il continua son voyage à travers les principales villes d'Italie, et s'empressa d'aller revoir un père et une mère auprès desquels il était si impatiemment attendu. Grande fut la joie du comte, à la vue d'un fils qui, après une si longue absence, lui revenait couvert des palmes universitaires, plein de grâces et de vertus. Mais surtout combien fut heureuse la comtesse de pouvoir presser sur son cœur l'enfant chéri dont la séparation avait coûté tant de larmes !

Pendant sa maladie, le jeune comte avait promis de se consacrer à Dieu ; mais il n'avait fait part à personne de son serment. Son père qui n'en avait pas connaissance, lui avait ménagé un brillant mariage avec la fille d'un baron voisin. Plein de joie d'avoir amené à bien une union très-avantageuse, il s'empressa de dévoiler à son fils tous ses projets. Il ajouta même qu'il fallait se rendre sans retard dans la demeure de sa fiancée, où il était attendu. Cette nouvelle fut pour François un coup de foudre. Lui qui avait formé le vœu de chasteté perpétuelle, se voyait obligé, dès le lendemain de son arrivée au château, de rechercher une alliance ! Si encore quelque temps eût été donné à la réflexion, il aurait pu demander des avis et prendre une résolution ; mais la volonté paternelle exigeait un départ immédiat, et il n'était pas possible de la froisser dans un pareil moment. Le jeune comte se rendit donc à l'invitation qui était faite, et fut présenté à la fille du comte de Végi. Il n'est point douteux qu'après cette entrevue, François n'eût offert sa main à cette jeune personne, si son cœur n'eût été consacré à Dieu, car toutes les belles qualités qu'on admirait en lui avaient leur écho dans l'âme de celle qu'on lui destinait pour compagne. Mais il avait juré de renoncer à tout attachement terrestre, et il voulait tenir son serment.

Sur ces entrefaites, le duc de Savoie, voulant récompenser les services du comte de Sales, fit offrir à son fils la charge de conseiller au Sénat de Chambéry. François, qui plus que jamais songeait à embrasser l'état ecclésiastique, refusa énergiquement ce poste. Dès-lors il dut s'occuper d'instruire au plus tôt son père du dessein qu'il avait formé d'abandonner le monde et ses vains plaisirs pour abriter sa vie à l'ombre du sanctuaire. Comme il n'osait le faire lui-même, il pria son précepteur de lui servir d'interprète. A sa grande surprise, ce prêtre vertueux n'entra point dans ses vues. Voyant en ce jeune homme l'unique héritier d'un grand nom, il chercha à le dissuader de son dessein, lui rappelant que le soin de son salut n'exigeait nullement qu'il abandonnât

sa famille, pour le service des autels. François
qui avait toujours été si docile à la voix de son
maître, ne crut pas cette fois devoir se conformer à ses avis. Il fut trouver son cousin Louis de
Sales, chanoine de la cathédrale de Genève, et
le chargéa de remplir la mission que son précepteur avait refusée.

Avant de parler au comte, Louis voulut réclamer auprès du Pape un poste avantageux pour
son cousin, afin que la vue d'une haute dignité
fléchît plus facilement un père qui avait toujours
désiré pour son fils la gloire et les honneurs. En
ce moment l'église de Genève venait de perdre
son prévôt. Louis pria le Souverain Pontife de
vouloir bien remettre cette charge au jeune François, et sa demande fut très-bien accueillie. Le
Pape expédia les bulles d'investiture. Muni de
ces pièces, Louis de Sales se rendit auprès du
comte et lui fit part en même temps du projet de
son fils et de la décision de Rome. Des larmes et
une morne désolation furent la première réponse
qui suivit cette déclaration inattendue. Le comte

et la comtesse voyaient d'un seul coup s'anéan
tir tous ces beaux rêves d'avenir qu'ils avaient
formés pour leurs fils, et leurs cœurs ne pou
vaient manquer d'être brisés. Mais comme la piété était une des grandes vertus de cette famille,
ils se résignèrent peu à peu à la volonté divine,
et se soumirent à ses décrets. Le vieillard fit venir son fils, le bénit, et lui dit qu'il lui laissait
la liberté de se consacrer à Dieu, puisqu'il était
providentiellement appelé vers ses autels.

Lorsqu'on eut montré à François de Sales le
bref pontifical qui lui conférait le titre de prévôt
de l'Église de Genève, il prétendit qu'il était trop
jeune pour accepter un si haut poste, et voulut
refuser un bénéfice qui lui était accordé par pure
faveur et contrairement à son attente. Mais Louis
de Sales lui représenta qu'il ne dépendait pas de
lui d'accepter ou de refuser un emploi auquel il
était nommé par le Souverain Pontife ; que son
humilité même lui faisait une sainte loi de l'o
béissance ; que d'ailleurs il n'avait pas recherché
une prévoté, et qu'on lui avait donné celle de

St. François de Sales   2

Genève à son insu. Ces raisons furent convain-
cantes : François de Sales céda aux instances de
son cousin , dont il connaissait l'éminente piété

III

Comme François de Sales avait fait de sérieuses études théologiques, sa préparation aux ordres sacrés ne pouvait être fort longue ; aussi arriva-t-il rapidement au diaconat. Il ne fut pas plus tôt promu à ce grade ecclésiastique, qu'il reçut de son évêque mission d'adresser la parole aux fidèles. Dans ses premiers sermons il se montra touchant par l'onction de l'amour divin dont il se sentait inspiré, et par cette merveilleuse charité qui était une de ses principales vertus.

Lorsqu'il vit approcher l'époque où il allait être élevé au sacerdoce, il sembla redoubler de ferveur et de piété, et ce fut dans les plus saintes dispositions qu'il y reçut cette ordination. Alors chacun put admirer de combien de vertus extraordinaires sa belle âme était douée. Un zèle infatigable lui faisait tout entreprendre, et il ne se rerebutait jamais. Chaque jour on le voyait au chevet du malade, dans la chaumière du pauvre, au tribunal de la pénitence, instruisant les ignorants, calmant les douleurs, et versant toujours d'abondantes aumônes. Sous le titre de confrérie de la Croix, il organisa à Annecy une association chargée de pourvoir au soulagement des malheureux ; elle se composait de personnes pieuses, qui, touchées de son exemple, avaient demandé à suivre ses traces

Un des défauts que François **avait** eu le plus de peine à réprimer, c'était l'impétuosité de son caractère ; naturellement enclin à la colère, il s'était habitué dès son enfance à vaincre ce mauvais penchant, et ses efforts avaient été couronnés d'un succès tel , que maintenant il se faisait remarquer par une douceur angélique.

Qu'il était beau de voir ce jeune preire aux pieds des autels ! avec quel recueillement il célébrait le divin sacrifice ! Nul ne pouvait assister à la messe où il officiait sans être ému et sans se sentir pénétré d'une nouvelle ardeur pour le culte divin.

A cette époque un ministre calviniste sachant que François avait donné à une association le titre de confrérie de la Croix, en prit occasion pour combattre l'honneur que ce signe de salut recevait chez les catholiques. François réfuta l'hérétique dans un livre intitulé l'*Etentard de la Croix,* et le réduisit au silence. Ce fut le prélude des victoires qu'il devait remporter **un peu** plus tard **contre le calvinisme.**

Depuis de nombreuses années les Suisses avaient enlevé au prince de Savoie le duché de Chablais et les baillages de Gex, Terni et Gaillard; une victoire de Charles-Emmanuel les ramena en son pouvoir. Mais ils ne revinrent point tels qu'ils avaient quitté cet état : l'hérésie de Calvin avait infesté la plus grande partie de ces contrées, et une haine profonde contre le catholicisme avait remplacé l'amour des autels et du culte reçu par l'Eglise romaine. Charles-Emmanuel, qui tenait à honneur de voir fleurir dans ses états la véritable religion, chercha un moyen de ramener au giron de l'Eglise les peuples qui s'en étaient éloignés. Il écrivit dans ce sens à l'évêque de Genève, Claude Garnier, le priant de lui envoyer au plus tôt des missionnaires pour convertir les peuples du duché et des baillages. L'évêque s'empressa de pourvoir à ce besoin pressant; mais il ne rencontra dans son clergé aucun membre disposé à braver les périls résultant d'une pareille entreprise. Il se vit obligé de dire que, si personne ne se présentait pour cette mission, il irait lui-même annoncer la parole de Dieu à tous ces malheureux que l'erreur avait séduits. Ayant entendu ces paroles, François, que l'humilité avait jusqu'alors empêché de se proposer à cette entreprise, pria son évêque de vouloir bien lui donner part à cette œuvre apostolique, s'il l'en jugeait assez digne. Le prélat fut heureux d'accéder à sa demande. Il lui adjoignit son cousin Louis de Sales, qui avait réclamé de partager les fatigues de François, et chargea ces deux prêtres d'aller combattre l'erreur.

A la nouvelle du danger qu'allait courir son fils, le comte s'alarma. Il fut le trouver et le pria instamment de ne pas mettre sa vie en péril, et de ne pas poursuivre son projet. Mais François était trop heureux d'exposer ses jours en ramenant au bercail des brebis égarées, pour se laisser séduire par des considérations humaines. Aussi toutes les démarches paternelles demeurèrent-elles complètement infructueuses.

Les deux cousins se dirigèrent d'abord vers le

Chablais. Voulant attaquer le mal dans sa racine, ils entrèrent de suite sur le territoire de Thonon, capitale de ce duché. Dès qu'ils eurent pénétré dans ce pays, leur première action fut de remercier Dieu d'avoir bien voulu se servir de leur ministère pour la conversion des impies; puis ils invoquèrent le secours des Anges et des Saints, les suppliant de leur venir en aide dans cette tâche si difficile.

Leur première visite fut pour le château des Allinges, situé à petite distance de la ville, où demeurait le gouverneur. Ce gouverneur, qui était catholique, reçut avec grande bienveillance les deux missionnaires, les remercia d'avoir bien voulu se rendre à son invitation et leur assura qu'il les seconderait de tous ses efforts dans leurs pénibles travaux. Ils concertèrent ensemble des moyens qu'ils devaient prendre en ces circonstances, et il fut décidé qu'ils se rendraient chaque matin à Thonon, et reviendraient coucher le soir aux Allinges. De cette façon leur sécurité était beaucoup moins compromise.

François ne put s'empêcher de verser des larmes en voyant les ruines de tant d'édifices religieux éparses de tous côtés dans les campagnes. Le feu et la flamme avaient tout ravagé, autels, églises, chapelles et couvents ; et les ministres de Dieu qui n'avaient pas été les victimes de la fureurs des sectaires, s'étaient vus contraints, pour échapper à la mort, d'aller chercher un asile dans les domaines voisins. Après de pareils faits, en face d'hommes non moins hostiles que par le passé à tout ce qui représentait le culte catholique, il était bien difficile d'obtenir d'heureux résultats. Aussi lorsque les deux prêtres se rendirent sur la place publique pour engager le peuple à écouter la parole de vie, ne virent-ils personne venir à eux, et furent-ils accueillis par toutes sortes d'injures et d'outrages. La patience des vertueux ecclésiastiques n'en fut pas lassée néanmoins ; ils continuèrent chaque jour le pieux devoir qu'ils s'étaient tracé. Peu à peu quelques enfants et quelques mendiants s'habituaient à s'approcher d'eux, mais pendant bien longtemps ce furent leurs seuls auditeurs. Ils se consolaient de leur peu de succès en se rappelant que notre Seigneur lui aussi n'avait eu pour premiers disciples que les malheureux et les enfants.

Cependant l'heure de la grâce ne devait pas tarder à sonner pour ces peuples. Les soldats calvinistes qui formaient la garnison du château, touchés des vertus des prédicateurs, se décidèrent à embrasser une religion qui produisait de tels héros. Ils réformèrent leurs mœurs, cessèrent de blasphémer le nom de Dieu, et évitèrent les disputes, les duels et les débauches honteuses auxquels ils se livraient. Mais ce n'était là qu'un léger succès en face de tout ce qu'il restait à faire. La conversion de ces troupes, loin d'engager la population à imiter leur exemple, ne fit que fomenter la colère dans les esprits. Plusieurs complots s'organisèrent dans le but de faire périr les augustes prédicateurs de la foi. Effrayé de tant de périls, le comte de Sales supplie de nouveau son fils d'abandonner une entreprise où il ne pouvait réussir, et où il devait assurément mourir victime de son zèle. Toutes ses raisons et ses prières ne purent changer la décision du jeune François. Il ne voulut point consentir à déserter une cause où de si puissants intérêts se trouvaient en jeu, et pour laquelle il croyait n'avoir pas lieu de désespérer. Ce fut encore en vain qu'on lui proposa une escorte pour sa sûreté : il prétendit que la parole de Dieu était assez puissante pour pénétrer les cœurs, sans qu'il fût besoin du secours d'épées ou de hallebardes ; qu'au reste on n'établissait pas une religion comme on fonde un empire, par la force du glaive, mais bien par la douceur, la persévérance et l'aide de Dieu. La vérité de cette maxime ne tarda pas à recevoir une frappante démonstration. Ceux qui avaient projeté d'assassiner François, ne purent résister dans leur fatal dessein en face de tant de bonté : ils furent les premiers à accepter la doctrine que leur apportait le jeune prêtre. Quelques habitants de Thonon se décident à en faire autant, et leur exemple en entraîne bientôt une foule d'autres. Chaque jour voit s'accroître le nombre des auditeurs, et par suite le nombre des convertis ; car il est impossible d'écouter sa parole sans être persuadé.

Les ministres protestants furent effrayés des succès de François, et ils cherchèrent par tous les moyens à arrêter les conversions. Pour tirer vengeance d'un de leurs collègues qui s'était laissé convaincre par ce prêtre, ils l'accusèrent faussement auprès des autorités et le firent condamner à mort.

Quand la plus grande partie des habitants de Thonon eurent abjuré leur erreur, François de Sales proposa aux ministres des conférences publiques, afin de démontrer la fausseté de leurs maximes ; mais ils refusèrent constamment d'accéder à sa demande. Un seul avait promis de discuter avec le missionnaire sur les principes de la religion chrétienne en présence du baron d'Avuli, protestant fougueux que l'éloquence de François avait converti. Mais au moment de mettre à exécution sa promesse, il se récusa. Furieux de ce manque de parole, le baron amena François chéz le ministre à Genève, et força ce dernier à tenir pendant trois heures une conférence avec le missionnaire. Le calviniste fut bien vite à bout de ressources en présence de la logique pressante du prêtre catholique. Ne sachant comment défendre sa cause, il prit le parti d'éluder les questions. Alors le mécontentement devint très-vif de la part des auditeurs, et ils se séparèrent bien convaincus de la fausseté du calvinisme.

Dès que le duc de Savoie eut appris l'heureuse issue des prédications de François de Sales, il se hâta de le mander auprès de lui pour concerter ensemble des mesures à prendre au sujet du rétablissement du culte. Ils convinrent qu'il fallait restaurer l'église de Saint-Hippolyte à Thonon, et le missionnaire fut chargé d'y pourvoir. En 1597, au jour de Noël, trois cents convertis recevaient la sainte communion dans ce nouveau sanctuaire.

Le pape Clément VIII ayant eu connaissance des merveilleux effets qu'opérait en Savoie la parole du saint, chargea ce pieux jeune homme de ramener à la foi le trop fameux Théodore de Bèze, ancien compagnon de Calvin. C'était une mission bien difficile, mais quels ennuis pouvait redouter celui qui avait déjà bravé tant de périls ! Il laisse la garde des nouveaux catholiques à son cousin Louis de Sales, se rend à Genève, et fait proposer à de Bèze des conférences, qui sont acceptées. François presse tellement son adversaire dès le premier entretien, que l'hérétique est obligé de garder le silence ; et sent son cœur en proie aux remords. A une seconde entrevue, de Bèze reconnaît qu'on peut se sauver dans l'Eglise romaine, et un peu plus tard il offre à François de Sales son amitié, lui avouant que ses visites ont pour lui grand intérêt. Le premier pas était fait, il semblait donc que l'époque allait enfin arriver où l'hérésiarque renierait son passé, et demanderait à entrer dans l'Eglise catholique. Mais il n'en fut pas ainsi. Les ministres calvinistes, effrayés de l'ascendant que le missionnaire avait sur l'esprit de leur chef, prirent mille pré-

cautions pour empêcher les suites des conférences. Ils surveillèrent les démarches de Théodore,
et se rendirent tellement maîtres de sa maison,
que François éprouva de continuels refus lorsqu'il demanda à être introduit de nouveau auprès
de lui. Le docteur protestant mourut cependant
avec le regret de n'avoir pas revu le prêtre catholique.[1]

A la suite de ces circonstances François, de
Sales revint à Thonon rejoindre son troupeau,
et continua ses missions apostoliques. Il eut alors
l'occasion de mettre en pratique l'ardente charité
que son cœur ressentait pour toutes les misères
humaines. La peste étant venue frapper les malheureux habitants de Thonon, il se dévoua sans
relâche au service des malades. Tandis que les
ministres calvinistes cherchaient à fuir le danger,
on voyait le *missionnaire apporter des consolations*
partout où le fléau frappait une victime, et pro-
diguer aux malades de véritables soins paternels.
Cette admirable conduite acheva de gagner les
cœurs qui étaient jusqu'alors restés sourds à sa

voix : chaque jour un grand nombre de personnes abjuraient leurs erreurs et demandaient à rentrer au bercail. Le nombre des conversions devint tel qu'on fut obligé de mander de nouveaux pasteurs pour fonder des églises et régir les peuples. Le calvinisme perdit peu à peu ses derniers adhérents, et en 1598 il fut complétement banni du Chablais et des baillages de Berni et Gaillard. Lorsque de duc de Savoie et le souverain pontife voulurent féliciter le jeune prêtre de l'heureux succès de sa mission, il répondit qu'il n'avait été en cela que l'humble ministre des voies de la Providence, qu'à elle seule étaient dues pour ce bienfait hommage et reconnaissance.

IV

François de Sales est nommé Coadjuteur, puis évêque de Genève.
— Réformes ecclésiastiques.

L'évêque de Genève ayant remarqué tous les talents de François de Sales et ses vertus, songea à se l'associer dans les fonctions pastorales. Il le manda donc près de lui et lui fit part de son projet. A cette *nouvelle*, François fut comme attéré; il supplia ce prélat d'avoir égard à sa grande

jeunesse et de vouloir bien adopter pour coadjuteur un prêtre plus digne d'exercer ce haut ministère. Mais l'évêque ne voulut point adhérer à cette
démission, et il écrivit au pape et au duc de Savoie, les priant de lui venir en aide pour faire
accepter à François de Sales un poste qu'il méri-
tait d'occuper à si juste titre. L'un et l'autre se
hâtaient d'enjoindre au jeune prêtre d'obéir au
prélat. Alors il n'y eut plus de résistance possible, et François dut se rendre à Rome pour recevoir les bulles apostoliques. Le souverain pontife le nomma évêque de Nicopolis et coadjuteur
de Genève.

Pendant son séjour à Rome, François de Sales
eut plusieurs entretiens avec la saint père au
sujet des protestants du Chablais; il en profita
pour réclamer la remise des biens ecclésiastiques
de cette contrée, qui étaient entre les mains des
chevaliers de Saint-Lazare. Sa demande fut bien
accueillie ; il obtint des brefs de restitution, qu'il
s'empressa de faire valoir par la suite, et qui lui
permirent de percevoir les fonds nécessaires à

la reconstruction d'une foule d'édifices religieux. Il était à peine de retour, lorsqu'il eut à déplorer la perte de son père. Ce bon vieillard s'éteignit sans avoir eu la consolation de sentir près de lui son fils bien-aimé. Averti une première fois que la vie de son père était en danger, François était accouru au château de Sales et lui avait administré les derniers sacrements, mais ayant cru remarquer, par la suite, une amélioration de santé, il était revenu à Annecy, où il prêchait alors le carême. Quelques jours plus tard, au moment de monter en chaire, il reçoit la nouvelle que son père avait rendu le dernier soupir. A ces mots son cœur est navré de douleur : toutefois il ne se croit pas permis de priver son auditoire de la parole de Dieu. Il fait son sermon et donne ensuite un libre cours à ses larmes.

La mort du comte de Sales avait répandu le deuil au château. François s'y rendit pour consoler sa famille et rendre aux dépouilles paternelles les derniers devoirs ; mais comme le soin de son église exigeait sa présence à Annecy, il y resta seulement quelques jours, et revint achever la prédication du carême.

En 1602, deux ans environ après ce triste événement, le coadjuteur fit un voyage en France pour aller demander au roi la permission d'évangéliser le pays de Gex qui venait de passer à Henri IV par suite d'un traité conclu avec le duc de Savoie. La renommée de ses prédications et de ses vertus l'avait précédé. Aussi reçut-il le plus bienveillant accueil lorsqu'il fut arrivé à Paris. Tout le monde était curieux de voir et d'écouter ce vertueux prélat. Les grands personnages de la cour le prièrent de prêcher le carême, lui certifiant que sa parole ne produirait pas moins de conversions au sein de la capitale que dans les Etats de Savoie. François de Sales accéda à leurs désirs. Il fit plusieurs sermons dans lesquels il traita les points de controverse religieuse qui avaient éloigné les calvinistes du giron de l'Eglise romaine. Ceux d'entre ces derniers qui faisaient partie de son auditoire furent touchés par la justesse de ses raisonnements, et un grand nombre se convertirent. Leur exemple fut suivi par une telle quantité de protestants, que le cardinal de Perron dit en parlant de François : « Il n'y a point d'hérétique que je ne puisse convaincre, mais il faut s'adresser à l'évêque de Genève pour les convertir. »

Henri IV voulut assister à quelques sermons de ce prédicateur; il le consulta même plusieurs fois en matière de conscience. Lorsqu'il connut le but de son voyage, il s'empressa de lui donner plein pouvoir sur ses terres, et le remercia de ses intentions. Son désir aurait été d'attacher ce prélat à la France, mais il ne put réussir. François refusa en même temps et la promesse d'un évêché et une pension de quatre mille livres, donnant pour raison que Dieu l'appelait au siége de Genève et qu'il ne saurait employer une somme dont il n'avait nulle besoin. Cette réponse redoubla l'estime que le roi lui portait.

Dès qu'il fut possible à François de quitter Paris, il se disposa à revenir à Annecy. Comme il faisait ce voyage, il apprit la mort de l'évêque de

Genève. Le prélat, en mourant, l'avait désigné pour son successeur. On prétend même qu'il l'avait nommé comme tel depuis fort longtemps. Il aurait, dit-on, prédit cet avenir, en voyant François de Sales soutenir brillamment une thèse théologique avant son entrée dans les ordres religieux.

Le nouvel évêque de Genève se prépara à son sacre par une retraite de vingt jours, et une confession générale des fautes de toute sa vie. Celui qui avait retiré de l'erreur une foule de calvinistes, ne craignit pas de se déclarer le plus indigne serviteur du Christ, le moins apte à supporter le lourd fardeau de l'épiscopat. Prenant modèle sur saint Charles Borromée, archevêque de Milan, il promit à Dieu de conserver la plus grande simplicité dans les habits et d'éloigner de sa table tous les mets délicats. La cérémonie de son ordination eut lieu au château de ses pères, le 8 décembre de l'année 1602.

Les devoirs de sa charge ne lui firent pas oublier l'objet de son voyage à la cour de France. Sitôt qu'il eut organisé l'administration de son diocèse, il se rendit avec quelques prêtres zélés dans le pays de Gex. Ses prédications ne furent pas moins heureuses que dans le Chablais, mais les épreuves ne lui manquèrent pas non plus. Comme à Thonon il eut à redouter plusieurs fois des complots qui avaient pour but de l'assassiner. Sa douceur et sa bonté surent les déjouer tous, le poignard tomba des mains à la vue du saint prélat. En très peu de temps les conversions furent très nombreuses, et bientôt toute la contrée put être considérée comme catholique.

La prédication était pour François la plus agréable partie de son ministère. Non seulement il allait combattre l'hérésie et tenait de hautes conférences avec les calvinistes, mais il aimait surtout à porter la parole de Dieu dans les villages aux humbles habitants des campagnes. Il préférait s'adresser à des gens qui goûtaient ses avis sans comprendre la beauté de ses discours, qu'à de hauts personnages toujours disposés à vanter la facilité de sa diction et à le combler de louanges. On le voyait aussi fréquemment assister aux catéchismes établis dans son diocèse pour l'instruction des pauvres et des ignorants. Souvent il se plaisait à remplacer le professeur, et à faire lui-même ses instructions à ces malheureux. Dans des exhortations simples et touchantes, il leur recommandait avant tout d'aimer Dieu et le prochain de toute la force de leur âme.

Une semblable conduite chez un prélat devait influer sur celle de tout le clergé du diocèse. Aussi chaque prêtre s'efforçait-il de redoubler de zèle dans les instructions pour complaire à l'évêque.

François de Sales se montrait plein de compassion pour les pécheurs qui venaient le trouver au tribunal de la pénitence. Son cœur et sa bourse leur étaient ouverts. Il était heureux de les recevoir, pleurait sur leurs égarements, les engageait à ne pas désespérer de la miséricorde de Dieu. La bienveillance de son regard ne les touchait pas moins que la puissance de sa parole. Plusieurs criminels changèrent complétement de vie après avoir reçu l'absolution du saint prélat. Lorsqu'on

lui reprochait quelquefois d'être trop miséricor-
dieux pour les coupables, il répondait : « Ces
» loups se changeront un jour en agneaux et
» seront peut être plus saints que qui que ce soit
» d'entre nous. » Il ajoutait: « Je suis en cela
» les préceptes de notre Seigneur Jésus-Christ
» venu dans le monde pour sauver les pécheurs,
» et qui disait sans cesse : *Soyez doux et hum-*
» *ble de cœur.* Voudriez-vous m'empêcher d'obéir
» au commandement de Dieu? »

L'évêque de Genève désirait que les ministres
des autels fussent dignes de ce titre. Avant d'ad-
mettre dans les ordres sacrés, il cherchait à con-
naître la capacité des aspirants aussi bien que
leurs vertus, et ne les recevait qu'après de sérieux
examens. Dans l'administration de son diocèse
il usait à la fois de bienveillance et de fermeté.
Si quelque prêtre avait commis une faute, il s'ef-
forçait de le ramener par la douceur à la réparation et à la pénitence, et ne le privait des fonc
tions sacerdotales que lorsqu'il avait mis en usage
tous les moyens de persuasion. Mais il était

fort rare qu'il eût besoin d'avoir recours à la rigueur.

Voici un exemple entre mille de la clémence de François envers les pécheurs. Un prêtre avait été jeté dans les prisons ecclésiastiques pour une faute assez grave. Connaissant la bonté du prélat, il demandait avec instance d'être conduit près de lui; mais il ne pouvait l'obtenir. L'évêque l'apprit. Il s'empressa de se rendre auprès du malheureux, et se présenta à lui avec un air si bienveillant que le prisonnier tomba à ses pieds sans proférer un seul mot. A cette vue, François dit à ceux qui l'entouraient : « Qui osera condamner celui que Jésus-Christ a déjà justifié. » Puis s'adressant au coupable, il ajouta : « Allez en paix, mon fils, et ne péchez plus. » Il le réintégra de suite dans ses fonctions, sans lui infliger aucune peine, lui enjoignant seulement de réparer ses fautes par un changement de vie. Cette recommandation fut écoutée : le prêtre coupable donna l'exemple des plus hautes vertus, et termina saintement ses jours.

Depuis longtemps certains monastères avaient oublié la piété de leur fondation ; des abus énormes s'étaient introduits dans leur sein. Ceux de Six et de Talloyres ne connaissaient plus aucun règlement ; les moines s'y livraient impunément à toutes sortes de désordres, et vivaient dans la mollesse et l'oisiveté. François s'empressa de remédier à un si grand mal. Il se rendit dans ces couvents mondains, et supplia ces moines dissolus de songer au caractère sacré de la carrière qu'ils avaient embrassée, leur rappelant que c'était à eux de donner aux villes l'exemple du travail et de la piété. La plupart furent grandement touchés de ses exhortations, et changèrent complètement de vie. Quant à ceux qui refusèrent de s'amender, il leur fit quitter l'habit religieux et les remplaça par des hommes zélés dont l'exemple ramena dans les cloîtres les vertus primitives.

Comme il se trouvait au monastère de Suze, on lui annonça que dans une vallée, à une distance de trois lieues, plusieurs villages avaient disparu sous des décombres : des fragments considérables de rochers s'étaient détachés des montagnes voisines entraînant avec eux les terres qui y adhéraient, et avaient écrasé dans leur chute une foule d'hommes et d'habitations. A cette nouvelle le saint prélat, n'écoutant que la voix de la charité, se hâte d'accourir vers les malheureux que la catastrophe a épargnés. Il traverse des chemins impraticables, côtoie des précipices affreux, et arrive enfin, épuisé de fatigues, auprès de ces infortunés. La vue de ce terrible accident lui fait bien vite oublier les difficultés du voyage : il ne songe qu'à consoler les malheureux habitants et à verser entre leurs mains tout l'argent qu'il a apporté.

V

En 1604, François de Sales eut occasion de voir
la bienheureuse Jeanne-Françoise de Chantal.
Elle était alors dans les premières années de veu-
vage et voulait consacrer à Dieu le reste de ses
jours. Le saint se plut à lui vouer une affection
toute paternelle, et à former cette belle âme à

l'image de la sienne. « C'était, dit un historien,
» la coopératrice que le ciel lui avait préparée.
» Après avoir été le modèle des jeunes personnes
» de son sexe, par sa piété, par sa modestie, par
» l'innocence et la douceur de ses mœurs ; des
» femmes mariées, par la régularité de sa condui-
» te, par le sage gouvernement de sa maison, par
» toutes les qualités qui rendent une femme
» également chère et respectable à son époux,
» Françoise retraçait à Dijon une image fidèle de
» cette veuve mémorable, autrefois canonisée de
» son vivant à Béthulie par la voix publique. »
Le saint évêque ne tarda pas à lui communiquer
son projet pour l'établissement de l'ordre de la
Visitation. Elle entra dans ses vues, renonça au
monde et à sa famille, et jeta, à Annecy, en 1610,
les premiers fondements d'un couvent de femmes.
Le reste de sa vie fut employé à établir de nouveaux
monastères, qu'elle édifiait par son zèle et ses
vertus. L'évêque de Genève eut le bonheur d'en
voir fleurir un grand nombre avant sa mort.

Ce prélat avait lié aussi une étroite amitié avec

Pierre Camus, évêque de Belley, dont il avait été le consécrateur. Tous les ans ils se réunissaient pour conférer ensemble sur les choses saintes, et se donner mutuellement de beaux règlements de vie. On les voyait parcourir les campagnes en rêvant à l'éternité. Malheureusement l'évêque de Belley ne se montra pas toujours aussi pieux. Déjà du vivant de François, il avait eu à encourir plusieurs fois le blâme du saint pour un zèle immodéré. On ne peut disconvenir que la guerre qu'il déclara aux moines mendiants ne le couvrît de ridicule aux yeux des gens modérés. Plus tard il se signala par des excès en tous genres : ses mœurs furent déréglées, et il devint si licencieux dans ses écrits qu'un auteur l'a nommé le *Lucien* de l'épiscopat.

Pierre Camus a laissé néanmoins un ouvrage excellent intitulé l'Esprit de saint François de Sales : il contient une philosophie saine et religieuse. Le saint y est représenté s'entretenant avec son ami des intérêts religieux dans des conversations pleines de grâces et de vivacité d'esprit.

Qui oserait croire qu'un homme comme François de Sales put tomber sous le coup de la plus noire calomnie, et que des personnages de distinction, n'hésitèrent pas à ajouter foi à cette horrible infamie. C'est cependant ce qui advint. Sans doute Dieu voulait mettre à l'épreuve cette éminente vertu afin qu'elle brillât dans un plus beau jour. Notre Seigneur Jésus-Christ, l'auguste modèle des Chrétiens, ne se vit-il pas conspué et haï par ceux qu'il était venu racheter?

Il y avait à cette époque à Annecy une courtisanne célèbre dont la beauté perdait une foule de jeunes gens. L'évêque de Genève se crut obligé de dénoncer en chaire cet affreux scandale et les horribles désordres qui en étaient les suites. Ces paroles froissèrent un gentilhomme du duc de Nemours qui se trouvait actuellement à Annecy. Furieux d'entendre blâmer celle qu'il aimait, il mit à exécution le plus horrible projet. Ayant contrefait d'une manière parfaite l'écriture du prélat, il fabriqua sous son nom une lettre abominable, où débordaient de toute part la licence et le libertinage le plus éhonté, et fit circuler cette lettre entre les mains d'une foule de gens. Le piége était si habilement tendu que plusieurs n'hésitèrent pas à y donner créance ; de ce nombre fut le duc de Nemours. On accusa alors d'hypocrisie le vertueux évêque, et mille contes absurdes furent débités sur sa vie privée.

Le bruit que faisait cette lettre ne tarda pas a venir aux oreilles de François de Sales. Un de ses parents à qui on l'avait prêtée voulut même la lui montrer. Le saint la lut paisiblement, et se contenta de répondre : « C'est bien mon écriture, mais ce n'est pas mon style. » Puis il rendit la lettre. Peu lui importait au reste l'opinion des hommes sur son compte. N'était-il pas entièrement détaché des biens d'ici-bas. Loin de se plaindre d'un outrage qui pouvait altérer sa réputation, il remerciait Jésus-Christ d'avoir bien voulu lui donner quelque point de ressemblance avec lui en permettant qu'il fût indignement calomnié. Il priait en même temps Notre Seigneur de briser de plus en plus son cœur à tout attachement et à toute gloire terrestres, et de ne plus le faire vivre que d'amour divin.

Le seigneur qui avait montré la lettre perfide voulut venger son cousin. Dans ce cas, il appela en duel le gentilhomme contrefacteur et libertin, l'accusant de mensonge et de fourberie. Mais François s'interposa dans la querelle, blâma son parent de la précipitation de sa démarche, et le força à abandonner toute poursuite dans le but de sa réhabilitation. « Dieu, disait-il, saurait tôt ou tard confondre le coupable et venger l'innocence. »

Pendant près de deux années consécutives l'évêque de Genève eut à subir les douleurs de la calomnie. Au bout de ce temps, Dieu voulut donner une haute réparation à son serviteur. Le faussaire ressentit tout à coup de violentes coliques qui amenèrent une mort rapide. Lorsqu'il se vit près de mourir, il fit appeler autour de sa couche un grand nombre de personnes, avouant qu'il voulait confesser publiquement une grande faute. On se rendit à son appel. Alors il proclama aussi haut que ses forces le lui permettaient la basse intrigue qu'il avait conduite, suppliant toutes les personnes présentes de proclamer partout sa culpabilité et l'innocence du prélat.

François de Sales fut appelé, en 1607, à donner son avis à la cour de Rome relativement à certaines questions théologiques. Le Pape Paul V lui demanda son opinion sur la manière dont la grâce agit sur la liberté de l'homme. Les jésuites et les Dominicains n'étant point d'accord à ce sujet, plusieurs conférences avaient eu lieu, et aucune décision n'avait été prise. François ne voulut point se prononcer. La question était selon lui purement oiseuse et n'importait nullement au salut de l'homme et à la gloire de Dieu. D'ailleurs il voyait avec peine des divisions de partis entre des ordres religieux, divisions qui tout en restant sur le terrain théologique pouvaient néanmoins amener de fâcheux résultats. C'est au reste ce qu'il semble dire dans *le Traité sur l'Amour de Dieu.*

L'évêque de Genève ne bornait point ses prédications aux limites de son diocèse. Les diocèses voisins et la France elle-même furent souvent édifiés par ses paroles. Lorsque les besoins de son troupeau n'exigeait pas sa présence, lorsqu'il avait terminé ses visites pastorales dans les villes ,villages et hameaux, consolé les malades, secouru les infortunés, il s'empressait de se rendre utile aux pays circonvoisins et d'y annoncer les voies du salut. On le vit maintes fois à Dijon, Grenoble, Paris et Chambéry. Dans cette dernière ville il déplut au sénat pour n'avoir pas voulu souscrire à une demande qui répugnait à sa conscience, et le sénat s'en vengea en lui retirant ses biens ecclésiastiques. Le saint ne fit entendre à ce sujet aucun murmure, il se contenta de répondre : « Je remercie le sénat de m'apprendre qu'un évêque doit être tout spirituel. » Le sénat, plein d'admiration pour une pareille conduite, s'empressa de déchirer le décret de confiscation.

Chacun des sermons de saint François de Sales opérait quelque merveilleuse conversion parmi les protestants. A Grenoble, il eut le bonheur de faire abjurer le duc de Lesdiguières, le même qui plus tard devint connétable de France.

Ayant eu beaucoup de peine à accepter l'épiscopat, François refusa constamment les honneurs et les charges que plusieurs princes voulurent lui conférer depuis. Le pape lui offrit inutilement le chapeau de cardinal, et ce fut en vain que le roi de France joignit ses instances à celles du souverain pontife pour l'y décider. Antérieurement il avait répondu au cardinal de Gondi qui le priait d'être son coadjuteur à l'archevêché de Paris : « J'ai reçu de Dieu pour épouse l'évêché de Genève, et je ne la quitterai jamais. »

Henri IV voulut concéder à l'évêque de Genève une abbaye considérable ; mais le saint s'y opposa formellement. Il agit de même à l'égard d'une pension que ce prince le priait d'accepter. Pour ne pas déplaire à Henri, il lui dit qu'il prendrait ces revenus s'il consentait à les garder en dépôt jusqu'à ce qu'il eût besoin de les réclamer. Le roi de France comprit très-bien que ce cas ne se présenterait jamais, et cette réponse redoubla l'estime qu'il professait pour l'auguste prélat.

A Dijon, le corps municipal, voulant témoigner sa gratitude à François pour ses prédications, lui offrit un superbe présent; mais le saint dont le cœur se détachait de plus en plus des vanités du monde pour aspirer aux biens célestes, remercia les autorités de cette ville de leur bienveillance à son égard, et ne crut pas devoir accueillir le présent.

VI

Depuis quelque temps la santé de l'évêque de
Genève allait toujours s'affaiblissant , et les occupations se multipliaient pour lui d'une telle façon, qu'il lui devenait impossible d'y vaquer. Un
coadjuteur était donc indispensable. La vertu su-
blime du comte Louis de Sales, son frère, fit naî-

tre dans l'esprit du saint prélat l'idée de le choisir pour remplir ces fonctions, bien qu'il ne fût pas dans les ordres. Il lui en écrivit dans les termes les plus pressants, lui faisant un plan du bien qu'ils feraient quand ils travailleraient unanimement à la vigne du Seigneur ; mais au lieu de correspondre à de si vives sollicitations, voici la réponse qu'y fit le comte : « En vérité, Monsei-
» gneur et bon frère, ma seule indignité me re-
» tire de la prêtrise ; mais quand je pourrais
» m'engager au simple sacerdoce, dont je me
» sens incapable en toutes manières, jamais au
» grand jamais je ne pourrais songer à la dignité
» épiscopale, à cause de la charge des âmes qui
» y est attachée ; et, comme je me sens entière-
» ment dépourvu de toutes les qualités nécessaires
» à un état si parfait, je vous supplie de n'y pen-
» ser autrement pour moi. »

Le bienheureux François fut obligé de prendre ce parti, bien que les raisons de son frère ne lui parussent pas concluantes, persuadé qu'on ne pouvait avoir les vertus requises au ministère

sacré dans un plus haut degré que Louis. Alors,
à l'instigation du cardinal de Milan, Frédéric
Borromée, il fixa son choix sur son autre frère,
Jean-François de Sales qui avait déjà reçu la prêtrise, et qui possédait d'éminentes vertus. En
conséquence Jean-François fut nommé évêque de
Chalcédoine, et sacré à Turin en 1618.

. La charité de François était inépuisable. Devant le malheur il se dépouillait de tout ce qu'il
possédait. Ayant reçu un très-beau diamant de
Christine de France, sœur de Louis XIII, et
épouse du prince de Piémont, il ne l'accepta que
sous la réserve de pouvoir en faire l'usage que
bon lui semblerait. Christine y consentit, mais
réclama le droit de le racheter. « Madame, lui
» répondit le saint, je craindrais que cela n'arri-
» vât trop souvent. » Peu de temps après, le bijou
avait passé dans la main des malheureux. Lorsque la princesse connut ce trait de charité, elle
vint trouver François, lui remit une seconde ba
gue, et le supplia de la conserver pour l'amou
d'elle. Mais cette recommandation fut inutile, le

diamant eut bien vite le même sort que le premier ; il fut engagé pour pourvoir aux besoins
des nécessiteux, ce qui fit dire à un gentilhomme
de la cour : « Il est moins à l'évêque de Genève
» qu'à tous les gueux d'Annecy. »

Lorsque Christine de France se fut rendue à la
cour de son époux, elle voulut l'évêque de Genève pour son aumônier. Au premier abord il refusa, prétendant qu'une telle charge était incompatible avec ses travaux apostoliques ; mais les
instances furent telles de la part de cette princesse qu'il accéda enfin à sa prière. Toutefois il
mit pour condition essentielle qu'il ne quitterait
point son diocèse, et qu'il ne toucherait point les
revenus de sa charge lorsqu'il n'en remplirait
pas les fonctions. Comme au bout d'une année et
demie on lui apportait le revenu de ce laps de
temps, il refusa cette somme sous prétexte qu'il
ayait été absent, et il en fit don à sa cathédrale.

En 1622, François de Sales accompagna à
Avignon le duc de Savoie qui se rendait en cette

ville pour saluer le passage de Louis XIII. Avant de partir, il pressentit qu'il ne reverrait plus son diocèse. Il fit en conséquence ses adieux aux habitants d'Annecy, qui tous versèrent d'abondantes armes à l'annonce de l'éternelle séparation. Lorsqu'il dut quitter la ville, une foule nombreuse se pressait sur ses pas et ne voulait pas le laisser partir.

Cet auguste prélat arriva à Avignon quelque temps avant que Louis XIII fit son entrée solennelle en cette ville ; il pouvait donc assister aux fêtes nombreuses et brillantes occasionées par cet événement, mais par mortification il se retira dans la solitude et ne prit part à aucune des cérémonies de réception.

D'Avignon il suivit la cour à Lyon : ce fut sa dernière étape. Sa santé s'affaiblissant de plus en plus, ne laissa aucun doute sur une mort prochaine. Néanmoins il voulut prêcher la veille et le jour de Noël, pour consacrer à l'instruction des fidèles, et au service de Dieu, le peu de forces qui lui restaient encore. Le lendemain, il ressentit une telle fatigue, qu'il fallut le mettre au lit. Peu de temps après, il éprouva une attaque d'apoplexie, qui le conduisit au tombeau.

L'intendant du Lyonnais et plusieurs personnes de distinction s'étaient empressés de mettre leurs châteaux à la disposition de François de Sales; mais il avait refusé d'aller habiter ces splendides demeures. Au moment de quitter cette terre, il voulait se préparer à ce terrible passage par le recueillement et la prière. Aussi avait-il choisi une petite chambre au couvent de la Visitation, auprès de ces filles bien-aimées qu'il avait consacrées à Dieu.

Dès que les premiers symptômes de l'apoplexie se furent déclarés, le saint prélat s'empressa de réclamer le sacrement de l'Extrême-Onction. On le lui administra; mais on ne le fit pas communier en Viatique parce qu'il avait célébré le matin le saint sacrifice. A partir de cet instant il fut complétement détaché des objets d'ici-bas et ne songea plus qu'au bienheureux passage à l'éternité. Cependant il consentit à subir une opération

assez douloureuse, non point afin de tenter une guérison impossible, mais afin de se préparer par la souffrance à mériter la place que Dieu lui réservait au ciel. Offrant avec bonheur le sacrifice de sa vie, il remerciait Dieu de rompre la chaîne qui l'attachait à ce monde, et ne cessait de répéter des versets de l'Écriture sainte. « Seigneur, s'é-
» criait-il, sauvez-moi de mes iniquités et puri-
» fiez-moi de plus en plus. Que fais-je sur la
» terre, loin de vous, ô mon Dieu ? » Lorsqu'il voyait ceux qui l'entouraient verser des larmes d'attendrissement, il les consolait, et leur disait de laisser accomplir la sainte volonté de Dieu.

François de Sales mourut le 28 décembre de l'année 1622; il était alors dans la cinquante-sixième année de son âge. Ses restes furent transportés à Annecy, suivant la volonté émise à son lit de mort. Le peuple accourut en foule recevoir sa dépouille funèbre, qui fut enterrée dans l'église de la Visitation.

L'église de Belle-Cour à Lyon possède le cœur

de ce prélat, enchassé dans un reliquaire d'or donné par le roi de France Louis XIII.

De nombreux miracles furent opérés sur le tombeau de ce saint, entre autres la guérison d'un aveugle-né, d'un paralytique et de trois infirmes, et la résurrection de deux morts. En outre les rois Louis XIII et Louis XIV ont cru devoir à l'intercession de l'évêque de Genève la guérison de maladies dont ils étaient affligés. En considération de tous ces faits, le pape Alexandre VII le plaça au rang des saints.

Saint François de Sales a laissé plusieurs ouvrages non moins remarquables au point de vue littéraire que par l'éminente piété qui les inspira. La France peut le compter parmi ses écrivains les plus distingués. Ses principaux écrits sont l'*Introduction à la vie dévote* et *le Traité sur l'Amour de Dieu*. La candeur et l'onction qu'ils respirent, les rendent délicieux même à ceux que les lectures de piété ennuient le plus.

Le but de l'*Introduction à la vie dévote* était de montrer que la dévotion n'était pas seulement faite pour les cloîtres, mais qu'elle pouvait être exercée dans le monde, et s'y accorder avec les obligations de la vie civile et séculière. Il produisit un merveilleux effet à la cour de France et de Piémont. Henri IV nepouvait se lasser de lire ses belles pages où il trouvait des pensées qui s'adaptaient si bien avec les besoins de son âme. Marie de Médicis en envoya un exemplaire enrichi de pierreries au roi d'Angleterre Jacques Ier, et ce monarque fut surpris d'y retrouver une toute autre morale que celle du clergé anglican.

Cependant un prédicateur imprudent n'ayant pas compris ce livre, osa le dénoncer en chaire comme immoral, et le faire brûler en public. Cet acte qui eut lieu du vivant de saint François ne provoqua aucune indignation de la part du saint prélat. Il écouta humblement le récit qui lui en fut fait, et ne chercha point à en faire reproche à l'auteur

Lorsque le général des Chartreux eut pris connaissance de *l'Introduction à la vie dévote*, il pria son auteur de ne plus écrire, disant qu'un second ouvrage ne pourrait correspondre à celui-là, mais quand il eut examiné son *Traité de l'amour de Dieu*, il s'écria : « Ne cessez jamais d'écrire. » Ce traité rappelle les peines et les sécheresses qu'éprouve une âme qui aime Dieu. Saint François pouvait mieux en parler que personne, lui qui en avait tant souffert.

Après avoir lu cet ouvrage, Jacques Ier fut pris d'un noble désir de voir le saint prélat. François ne demandait pas mieux que de se rendre en Angleterre, il brûlait même d'aller évangéliser cette île ; mais le duc de Savoie, par crainte de le perdre pour toujours, refusa constamment de le laisser partir.

On possède aussi des *Lettres spirituelles* de cet évêque. Saint François de Sales y paraît un des mystiques les plus judicieux de ces derniers temps.

VIE DE

S. CHARLES BORROMÉE,

ARCHEVÊQUE DE MILAN.

SAINT FRANÇOIS DE SALES.　　3

I

Au XVIe siècle vivait au château d'Arona, dans le Milanais, une famille illustre, qui se faisait remarquer par son éminente piété. Le père avait nom Gilbert Borromée, et la mère Marguerite de Médicis. Cette dernière était sœur de Jean Jacques de Médicis, marquis de Marignan, et nièce du

cardinal de Médicis, devenu pape sous le nom de
Pie IV.

Lorsque François 1er et Charles V se disputaient
la possession du Milanais, le comte Borromée,
sans accueillir aucun parti, sut se concilier l'estime des deux princes. Il s'en suivit que Charles V lui confia plusieurs charges très-importantes,
aussitôt qu'il se vit vainqueur de François Ier et
libre possesseur de ce duché.

La charité du comte était inépuisable : le pauvre ne sortait jamais du château d'Arona sans recevoir d'abondantes aumônes. Ses amis s'étant
plaint de l'excès de ses libéralités envers les indigents, et lui ayant rappelé qu'il appauvrissait
ses fils en agissant de la sorte, il leur répondit :
« Dieu y pourvoira. » Une telle conduite le rendit
cher à tous ses vassaux, dont il était le père plu-
tôt que le souverain.

Gilbert et Marguerite eurent six enfants :
Charles dont nous entreprenons de retracer la
belle vie était le second. Il naquit le 2 octobre
1538, au château d'Arona. Dès sa plus tendre en-

fance il fit preuve d'une angélique piété aussi bien que d'une grande disposition à l'étude. Ses précoces vertus donnèrent bien vite à supposer qu'il avait une aptitude spéciale pour l'état ecclésiastique. Aussi lorsque Charles eut atteint l'âge requis pour la tonsure, son père lui demanda s'il n'avait pas intention d'entrer dans les ordres; il répondit que c'était là son vœu le plus cher, et se hâta de consacrer à Dieu sa jeunesse.

Charles reçut de son oncle Jules Borromée une abbaye fort considérable, dont les immenses revenus furent consacrés au soulagement des malheureux : il ne s'en réserva uniquement que l'argent nécessaire pour les besoins de l'Eglise et pour les frais d'étude. Son père ayant été chargé de l'administration de l'abbaye pendant sa minorité, n'oublia jamais de ne prendre sur les rentes que ce qui était indispensable, et versa toujours avec scrupule le reste des bénéfices dans la main des malheureux.

Quelques temps après, le cardinal de Médicis, oncle maternel de Charles, lui offrit une seconde abbaye et un prieuré. Cet accroissement de fortune ne fit qu'occasioner une plus grande quantité d'aumônes.

Lorsque Charles eut terminé ses humanités à Milan, il se rendit à l'Université de Pavie pour y étudier le droit canonique et civil. Il s'y distingua bien vite par son travail et la solidité de son raisonnement. Devenu le modèle de tous ses condisciples par ses succès, il le fut aussi par la régularité de sa conduite. Il rejetait toute distraction qui pouvait troubler ses exercices religieux, et approchait tous les dimanches de la sainte table. Toujours aimable dans les conversations, il savait adroitement en bannir la licence. La retraite et la prière étaient ses armes à l'approche d'une tentation.

En 1558, il eut la douleur de perdre son père. Gilbert Borromée, en mourant, légua à ses fils l'exemple des plus éminentes vertus.

Un an plus tard, en 1559, la tiare fut offerte au cardinal de Médicis. De nombreuses fêtes eurent lieu à Milan en cet honneur. Charles qui venait d'arriver dans sa ville natale n'y prit aucune part. Cependant il ne tarda pas à être appelé à Rome par son oncle, et y reçut le chapeau de cardinal. Quelques temps après, i' était nommé archevêque de Milan, légat de Bologne, de la Romagne, et de la Marche d'Ancône, protonotaire apostolique, et protecteur des couronnes de Portugal et du Pays-Bas, des cantons catholiques de la Suisse, des chevaliers de Malte, des ordres religieux des Carmes et de Saint-François. Bien qu'à peine âgé de vingt-trois ans, il se vit obligé d'accepter toutes ces dignités, mais ne s'en prévalut pas. Rien ne fut changé dans sa manière de vivre.

L'habileté avec laquelle il savait diriger les affaires lui valut de fréquents appels auprès de la cour de Rome. Il se rendit définitivement auprès de son oncle, auquel il lui servit grandement dans l'administration en donnant toujours des avis pleins de sagesse et en jugeant les causes les plus embarrassées. Malgré sa grande jeunesse, il était déjà regardé comme un père de l'Eglise par tout le clergé des Etats pontificaux.

Obligé de suivre les usages de la cour romaine, il consentit à habiter à Rome un magnifique palais. Mais si ses appartements et son train de vie étaient somptueux, son cœur conservait toute la simplicité première. Il ne voyait dans tous les honneurs dont il était revêtu, que des épreuves nouvelles qu'il voulait surmonter à la gloire de Dieu.

Protecteur et ami des lettres, il désirait que le clergé portât une active émulation dans les études. Dans ce but, il organisa une académie composée de clercs et de laïques, et l'installa au Vatican. Comme cette organisation forçait Charles à prendre la parole, il chercha à vaincre une difficulté de prononciation qui lui empêchait de parler en public, et il réussit. Dès lors il put réaliser un de ses plus beaux rêves, celui d'annoncer les merveilles de Dieu à un nombreux auditoire.

Son temps était si bien employé, qu'il trouvait à la fois le moyen de vaquer au service de Dieu, d'assister le Souverain Pontife dans l'administration, d'expédier toutes les affaires, de diriger

son académie, et de se livrer à l'étude des au
teurs anciens. Il lisait très-fréquemment Cicéron
et y puisait des modèles d'éloquence. Epictète
était aussi un de ses auteurs favoris.

Voyant qu'il était impossible de rester à Rome et
de pourvoir aux besoins de son diocèse, Charles
y établit un évêque suffragant pour exercer en son
nom les fonctions épiscopales. Le savant Ormanetto lui fut adjoint en qualité de vicaire général. Mais les soins qu'il prenait de donner la direction de son diocèse à des hommes éminents
ne le consolaient point d'être obligé de ne pouvoir le diriger lui-même : sa conscience était fort
inquiète sur ce point. Il s'en ouvrit au docte dom
Barthélémy des Martyrs, archevêque de Prague,
qui était venu à Rome pour conférer avec le souverain pontife. Le prélat lui répondit de bannir
tout scrupule à ce sujet, vu qu'en restant à Rome
il servait les intérêts de la catholicité tout entière ; qu'au reste, son oncle, étant fort âgé, avait ab-
solument besoin de son appui. Il l'engagea seulement à être disposé à retourner dans son arche-

véché aussitôt que les circonstances le lui permettraient. Cette réponse rassura pleinement le jeune archevêque ; son cœur fut soulagé.

Ayant pris pour directeur spirituel le jésuite Ribeiro, on le vit réformer peu à peu le luxe de sa maison. Plusieurs places de domestiques furent supprimées : l'usage des vêtements de soie fut interdit, et sa table devint excessivement frugale. Il faisait même un jour de chaque semaine un jeûne stricte au pain et à l'eau. Toujours plein de sollicitude pour son diocèse, il écrivait sans cesse à Ormanetto d'y veiller en son nom. Il lui adressa, dans le but de lui venir en aide, quelques jésuites, qui s'installèrent dans l'église de Saint-Vit, et fondèrent un établissement.

Au mois de novembre 1562, Fréderic Borromée, son frère aîné, succombait plein de jeunesse à la violence d'une fièvre aiguë. Cette perte l'accabla de douleur, mais il l'accueillit comme une épreuve venant de la main de Dieu, et en prit occasion de se détacher des choses humaines. A la suite de cel événement, comme il n'avait pas encore reçu la prêtrise, plusieurs personnes et le pape lui-même lui conseillaient de reprendre la vie séculière et de se marier afin d'être le soutien de sa famille Mais il refusa, et s'empressa de se faire ordonner prêtre pour faire cesser ces instances.

L'année suivante fut célèbre par la tenue du concile de Trente. Un nombre considérable d'évêques, d'archevêques, de cardinaux, d'abbés et de généraux d'ordres religieux y prirent part. Saint Charles Borromée fut l'âme de cette assemblée ecclésiastique. Il s'occupa des points de discussion, y fit formuler des décrets pour le dogme, et organisa des règlements de discipline éclésiastique. Lorsque le saint concile eut statué, l'archevêque de Milan voulut faire exécuter ses décisions. Pour exciter le zèle des évêques à fonder des séminaires, il en établit un à Rome sous la direction des pères jésuites. Puis il fit réviser le Missel et le Bréviaire, en même temps que de doctes théologiens s'occupaient à organiser le catéchisme connu sous le nom de catéchisme de

Trente, où l'on retrouve à la fois la précision et l'élégance du style.

Sur ces entrefaites, il reçut de pénibles nouvelles de son diocèse. Ormanetto visitait inutilement les églises et les monastères pour promulguer le concile de Trente : Les abus étaient trop invétérés pour qu'il réussît à les bannir. Ne sachant plus que faire, il priait son archevêque de lui retirer une mission dont il se sentait incapable, et de le réintégrer dans l'humble cure qu'il avait occupée. A cette nouvelle, Charles fut vivement affligé : il se rendit auprès du souverain pontife, et le supplia de lui permettre d'aller tenir un concile provincial dans son diocèse. Son oncle y consentit, mais, avant de le laisser partir, il le nomma légat *à latere* pour l'Italie tout entière.

Ce fut une grande joie à Milan, quand on apprit que l''archevêque avait l'intention de venir visiter son diocèse. Charles partit de Rome le 1er septembre 1565, s'arrêta à Bologne dont il était légat, et entra enfin dans sa métropole. Le peuple l'accueillit ave des transports d'allégresse, et il fut reçu en grande pompe dans la basilique. Le dimanche suivant, il monta en chaire, et fit entendre à son troupeau bien aimé des paroles pleines d'onction et d'amour de Dieu. Quelques jours après, il tenait un concile provincial, où il donnait le chapeau de cardinal à l'évêque de Verceil, et où assistait l'évêque de Crémone, qui fut plus tard le pape Grégoire XIV. Dans cette assemblée il dressa des réglements qui obligeaient à mettre en pratique les décisions du saint concile de Trente, et édifia tout le clergé par son attitude. Le souverain pontife ayant eu connaissance de ce qui s'était passé en cette réunion, en félicita chaleureusement son neveu.

Aussitôt ces travaux achevés, il s'empressa de faire une visite pastorale dans son diocèse ; mais il fut obligé de l'interrompre pour aller recevoir à Trente les deux sœurs de l'empereur Maximilien II, dont une était l'épouse du duc de Florence. Il les accompagna en deux villes différentes, à Ferrare et à Fienzola dans la Toscane. Arrivé dans cette dernière ville, il apprit, par une dépêche, que son oncle était très-mal. Alors il se hâta d'accourir vers lui. Le premier discours qu'il lui tint fut pour l'avertir de sa mort prochaine et le préparer à passer saintement de cette vie à la bienheureuse éternité. Il lui rappela que le Crucifix devait être désormais son unique consolation, et son médiateur tout-puissant; qu'il n'y avait plus à s'occuper des choses de la terre, mais qu'il devait mettre à profit le peu de temps qui lui restait pour se préparer au terrible passage où Dieu l'appelait. Pie IV accueillit avec bienveillance les exhortations de son neveu, et demanda à recevoir de sa main le saint Viatique et le sacrement d'Extrême-Onction. Puis il lui abandonna la direction de l'Eglise, pour ne plus songer qu'à la préparation de son âme. Il mourut entre les bras de son neveu et de saint Philippe de Néri, en prononçant ces dernières paroles : *Seigneur, laissez maintenant aller en paix votre serviteur.* Il était âgé de soixante trois ans et neuf mois.

II

Saint Charles Borromée administre son diocèse durant le pontificat de Pie V.

Saint Charles assista au conclave qui devait élire un nouveau souverain pontife, et il fit tous ses efforts pour faire nommer Pie V, bien qu'il le sût attaché à la maison Caraffe, et, par conséquent, ennemi de sa famille; en entrant au conclave, il avait prié Dieu de le détacher de toute affection terrestre et de guider uniquement son choix. Pie V fut élu le 7 janvier 1566. Aussitôt qu'il eut pris possession du siége pontifical, il pria instamment Charles Borromée de lui continuer l'assistance qu'il avait prêtée au pontificat précédent. Mais l'archevêque de Milan était resté trop longtemps loin de son diocèse, pour consentir à ces propositions : il remercia le pape de la bienveillance qu'il lui témoignait, et lui dit en même temps qu'il n'avait pas droit de sacrifier l'intérêt de son diocèse, et qu'il devait s'y rendre au plus tôt. Il y revint dans le mois d'avril de la même année.

Un des premiers actes de l'archevêque en s'installant dans sa ville épiscopale fut la réforme des abus. Pour applanir les difficultés qu'un nouvel état de choses devait rencontrer infailliblement, il voulut que sa demeure servît de modèle à tout le clergé, et que lui-même pût être dans sa conduite l'exemple de tous les clercs. Dès lors il se mit à pratiquer des austérités qui semblaient incompatibles avec ses travaux apostoliques. Il s'interdit l'usage de la viande, du poisson, des œufs et du vin, et ne fit plus qu'un seul repas par jour. En carême et pendant la semaine sainte, il retranchait même le pain à sa nourriture, et ne vivait que de légumes bouillis et de figues sèches. Pendant tout le cours de l'année, il se contentait d'un seul repas par jour. Toutefois il ne se livra point brusquement à toutes ces mortifications; une telle conduite aurait infailliblement altéré sa santé, et l'eût mis dans l'impossibilité de remplir les fonctions épiscopales. Mais il s'y habitua peu à peu, enlevant d'abord à sa table le superflu, puis consécutivement une partie du nécessaire. De cette façon, son estomac n'éprouva aucune gêne; il fut même débarrassé d'une pituite qui le fatiguait depuis fort longtemps.

Son corps était couvert d'un rude cilice qu'il ne quittait ni jour ni nuit. Au reste le sommeil de ses nuits était fort court; souvent même il ne se couchait pas du tout, et se contentait de se reposer dans un fauteuil. Il fallut l'intervention des évêques de sa province pour le décider à coucher sur une paillasse ; jamais on ne le vit murmurer contre la froidure et les injures de l'air ; tel temps qu'il fît, il ne supportait pas le plus léger soulagement.

Plusieurs prélats s'émurent en voyant Charles Borromée adopter de semblables privations. L'archevêque de Valence et Louis de Grenade lui rappelèrent qu'un tel genre de vie était incompatible avec les devoirs de l'épiscopat. Il répondit que l'expérience démentait leur assertion, et que d'ailleurs un évêque ne pouvait éprouver de plus grand bonheur que celui de mourir comme son auguste maître Jésus-Christ, pour les intérêts de l'Eglise. Cependant, sur les instances du pape Grégoire XIII, qui lui avait recommandé de diminuer ses austérités, il se permit quelques adoucissements pendant une certaine époque de l'année. Toutefois, aussitôt que le souverain pontife lui eût accordé la libre direction de sa manière de vivre, il reprit ses anciennes habitudes et les conserva jusqu'à sa mort.

Un homme enivré d'un tel amour de Dieu de

vait naturellement être plein de bonté et de douceur, et inacessible à la flatterie et à la vanité.
Arrivé au faîte des grandeurs sous le pontificat de
son oncle, on ne le vit jamais chez lui le moindre
mouvement d'orgueil. Aussitôt qu'il fut installé
dans son évêché, il voulut en bannir les tableaux,
les tapisseries, les statues, et jusqu'aux armes de
sa famille ; les armes de l'archevêché furent seules
conservées. Sous son costume de cardinal, il
cachait des vêtements qu'il nommait *les siens*,
vêtements si vieux et si usés qu'un mendiant à
qui il les offrit un jour les refusa. Deux prêtres
étaient sans cesse auprès de lui pour l'avertir des
moindres actions répréhensibles qu'il pouvait
commettre, et il les remerciait avec bienveillance
chaque fois qu'ils lui donnaient un avis.

Sa douceur était admirable : jamais on ne re-
marqua chez lui les moindres accès de colère.
D'ignobles calomnies ayant été tenues contre
lui auprès du roi d'Espagne, il ne s'en plaignit
pas, et ne voulut pas qu'on en recherchât les auteurs. Il admit même dans son palais, à titre de

pensionnaire, un ecclésiastique qui n'avait cessé de critiquer sa conduite.

Malgré son affection pour sa famille, par esprit de mortification, il lui fit de très-rares visites, et ne voulut déverser ses faveurs sur aucun de ses membres. Lorsqu'un de ses parents lui faisait une requête, il l'examinait avec beaucoup de soin de peur que les liens d'amitié n'influassent sur les règles du devoir. Le seul avantage qu'il ait accordé à un de ses proches, fut d'avoir installé à l'université de Paris son cousin Frédéric Borromée.

Il se faisait une douce vertu de pratiquer l'hospitalité, et recevait tous les jours à sa table un grand nombre de personnes; mais quelques fussent les titres de ses hôtes, il ne changeait rien à la frugalité qui devait y régner. Les pauvres étaient toujours très-bien accueillis : tous ceux qui se présentaient au palais recevaient assistance. Saint Charles avait enjoint à un de ses aumôniers de lui donner les noms de tous les indigents de la ville, et avait dressé pour tous des listes de secours. A son entrée à Milan, il fit vendre à leur bénéfice toute sa vaisselle d'argent et quantité d'étoffes précieuses que son frère lui avait léguées. Il employa également en aumônes une somme de vingt mille écus cédés par sa belle-sœur.

Son désintéressement était sans bornes. En quittant la ville de Rome, il ne voulut conserver que les revenus de son archevêché, une pension du roi d'Espagne, et quelque argent provenant des biens de sa famille. Il céda à ses oncles les comtes de Borromée, ses terres dans le Milanais, et à Frédéric Ferrier son marquisat de Romagnora. Sa principauté d'Oria fut également vendue, et l'argent provenant de cette vente distribué aux pauvres. Quant au château d'Arona, qui était une des plus anciennes possessions de sa famille, les officiers espagnols le lui enlevèrent, et il ne fit aucune démarche pour le recouvrir.

Il organisait son temps de manière à ne pas en perdre une minute inutilement. Durant son repos une personne lui faisait une pieuse lecture, ou bien il dictait à ses secrétaires des lettres et des instructions. Il parlait peu et ne le faisait jamais oisivement. Après dîner, il recevait en audience ses curés et ses vicaires. Si quelqu'un alors lui faisait quelque demande, il en prenait note, mais ne promettait rien qui pût froisser la droiture ou l'équité. Toutefois ses refus étaient tellement adoucis par sa bonté, que ceux qui n'avaient pas obtenu droit à leur requête s'en retournaient tout heureux d'avoir vu le prélat. Lorsqu'il avait des entretiens avec les curés doyens, il leur enjoignait de faire de fréquentes conférences à leurs subalternes et de surveiller scrupuleusement leur conduite. Pendant ses voyages il récitait de longues prières ou se livrait à l'étude.

Toutes mes délices, disait saint Charles, sont d'être « aux pieds des autels. » Il y restait tout le temps qui lui était disponible. Durant une de ces méditations, saint Philippe de Néri, assure avoir vu le visage du saint prélat entouré d'une auréole. A Rome, il passa toute une nuit dans la chapelle de sainte Agnès, et la journée du lendemain dans celle de saint Sébastien. Il assistait à toutes les cérémonies de sa cathédrale, et employait deux heures chaque jour à réciter l'office, qu'il lisait à genoux et tête nue. Un morceau de la vraie croix, enchâssé dans une croix d'or, était continuellement suspendu à son cou : il portait également une image de saint Ambroise, pour lequel il éprouvait une vénération particulière et qu'il prenait pour modèle.

Malgré son éminente piété, Charles Borromée se croyait toujours le dernier des hommes. Chaque matin, avant de dire sa messe, il se rendait auprès de son aumônier, et s'accusait des fautes les plus légères en versant d'abondantes larmes. Tous les ans il faisait deux confessions générales, auxquelles il se préparait par de sérieuses retraites. La méditation et la prière le consolaient sans cesse des ennuis et des fatigues de la vie, et par respect pour la passion de Notre Seigneur, il gardait le silence depuis le soir jusqu'après l'action de grâces qui suivait la célébration des saints mystères.

Un gentilhomme lui demanda un jour quelle règle il fallait observer pour progresser dans la vertu. « C'est, lui répondit le saint, de se mettre à l'œuvre chaque jour avec une nouvelle ardeur, de se tenir en la présence de Dieu dans toutes ses actions, et de ne se proposer jamais que sa gloire. La présence de Dieu était, en effet, le moyen qu'il recommandait pour parvenir à la perfection.

Que de réformes amenèrent dans le diocèse de Milan la parole et l'exemple de saint Charles Borromée! Lorsqu'il s'y installa, il trouva toutes choses dans le plus piteux état. Les grandes vérités de notre sainte religion y étaient mêlées à une foule de superstitions ridicules, les sacrements étaient complétement négligés, et les ministres des autels avaient oublié pour la plupart la sainteté de leur caractère. Pour réprimer tous ces abus, il réunit consécutivement six conciles provinciaux et onze synodes, et lança un grand

nombre de lettres pastorales. Malgré tous ses éf-
forts, il rencontra de terribles obstacles, surtout
de la part de certains prévilégiés, qui ne voulaient
pas renoncer à leurs avantages. Une noble fermeté sut triompher des plus rebelles, et tous ren-
trèrent dans leur devoir.

L'archevêque de Milan montait en chaire tous
les dimanches et les jours de fête. S'il ne prêchait
pas avec l'élégance des Chrysostôme et des Bazile,
sa parole était de moins pleine de force, et ses
pensées respiraient la plus profonde piété. On ne
pouvait l'écouter sans être ému, et sans ressentir la vérité de tout ce qu'il annonçait. Bien que
ses sermons fussent parfois très-longs, ils parais-
saient très-courts à la plupart des auditeurs, tant
leurs cœurs étaient heureux des belles choses qu'il
annonçait. On comprenait en l'écoutant qu'il connaissait parfaitement tout l'Evangile, et qu'il savait
en adopter les passages à tous les besoins de la vie.

Il s'occupa auss rès-sérieusement de l'instruction religieuse des enfants. Non-seulement il

St. François de Sales   5

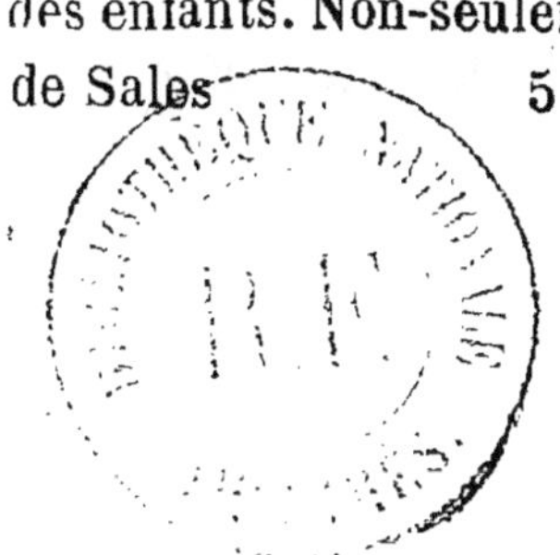

enjoignit à tous les curés et vicaires de faire régulièrement leurs cours de catéchisme, mais il institua encore plusieurs écoles libres où ces cours étaient professés d'une façon toute spéciale.

Saint Charles commença ses visites pastorales en inspectant avec le plus grand soin la ville de Milan. Le chapitre de cette ville avait perdu son esprit primitif, plusieurs chanoines ne se montraient plus à la célébration des offices, et avaient introduit de grands abus dans le cérémonial. Le saint archevêque se hâta d'y remédier. Il éprouva une plus vive résistance dans plusieurs monastères de la ville qui refusaient de reconnaître son obédience ; mais, grâce à une sage fermeté, il sut vaincre les rebelles, et bientôt les moines eux-mêmes s'empressèrent de réclamer sa juridiction.

Dans le cours de ses visites il ne se servait point de voitures ; il allait à pied la plupart du temps, ou bien voyageait à cheval. Les presbytères, quelque pauvres qu'ils fussent, lui servaient d'hôtellerie : un potage, un plat et quelques

fruits étaient toute la nourriture qu'il exigeait,
et il n'en voulait pas d'autre ; souvent il laissait
à ses gens les lits disponibles et s'en passait fort
volontiers.

A cette époque il entreprit un périlleux voyage
dans trois vallées, dépendant des cantons d'Uri,
de Schwitz et d'Underwalden, lieux sauvages et
déserts situés aux dernières limites du diocèse,
et que leur éloignement n'avait pas protégés de
l'erreur de Zwingle. Il s'y rendit accompagné
d'un député de ces états, et dut pour y parvenir
traverser des torrents, gravir des montagnes, et
longer des précipices sans fonds. Toutefois ces
circonstances loin de lui déplaire le rendaient
heureux, car il souffrait avec bonheur pour la
cause de son divin maître. Arrivé dans ces vallées, il trouva des fidèles complétement oublieux
de leur religion, et des prêtres qui n'avaient plus
conscience du caractère sacerdotal. Sa bonté sut
réconcilier à l'Eglise une foule de zwingliens;
quant aux prêtres scandaleux, il les chassa et les
remplaça par des **hommes vertueux**, dont les

talents surent rendre au culte divin son **ancienne** splendeur dans ces contrées.

Voulant ramener à leur règle primitive les Franciscains qui habitaient son diocèse, il fit réunir un chapitre conventuel et parla des réformes urgentes que nécessitait le temps présent. **A cette annonce**, plusieurs frères qui étaient heureux de pouvoir impunément se livrer à toute espèce de licence, devinrent furieux, et menacèrent d'employer les derniers moyens pour arrêter les projets du saint prélat. L'archevêque n'en fut point ému. Obligé de céder une première fois à l'entraînement général, il revint à la charge, et fit si bien en employant alternativement la douceur et l'énergie qu'il força ces monastères à reprendre leurs mœurs primitives.

Un des ordres qui lui donnèrent le plus de peine à ramener au devoir, fut celui des *Humiliés*. Cet ordre avait été fondé au xɪᵉ siècle par des chevaliers qui, tout en étant mariés, avaient fait vœu de chasteté. En 1568 il comptait quatre-vingt-dix monastères et à peine cent-dix religieux. Chaque prévôt (tel était le nom des supérieurs) jouissait des grands revenus que lui accordait son monastère, et ne s'en occupait nullement. Aussi les supérieurs et les frères convers crièrent-ils bien fort lorsqu'il s'agit de faire observer les règlements. Ne pouvant empêcher la réforme, ils tentèrent de se débarrasser du réformateur. Trois prévôts conçurent le projet infernal de le mettre à mort, et bientôt ce complot tramé dans l'ombre trouva une foule d'adhérents. Un prêtre dégradé consentit moyennant une somme d'argent à être le bras assassin. Il se rend, le 26 octobre 1569, dans la chapelle épiscopale au moment où le saint évêque faisait la prière du soir avec tous les gens de sa maison. Charles était à genoux tandis que le chœur entonnait ces paroles : *Que mon cœur ne soit point troublé et ne craigne rien.* Tout à coup une détonation se fait entendre, et vient vibrer près de l'auguste prélat. Le plus grand silence succède d'abord à cet acte inouï, car chacun est cloué à sa place par l'étonnement; puis tout le monde entoure l'ar-

chevêque, qu'on croit dangereusement blessé. Lui-
même, en apercevant quelques teintes rougeâ-
tres sur son camail, n'hésite pas à supposer un
danger imminent pour ses jours. Toutefois il ne
veut pas que l'office soit interrompu, et ce n'est
bu'après la cérémonie qu'il daigne examiner
autour de lui. Il aperçoit alors, à quelques pas
de lui, une balle aplatie, et plusieurs grains de
plomb sur ses vêtements; mais il n'a aucun mal,
car la main de Dieu a détourné le bras de l'assassin.

Lorsque le meurtrier eut mis à exécution son
fatal projet, il profita de la terreur générale pour
s'enfuir sans être inquiété. Le duc d'Albuquer-
que, gouverneur de Milan, ayant eu connaissance
de l'événement, s'était empressé de venir demander au cardinal Borromée la permission de faire
immédiatement des recherches dans son propre
palais, afin de découvrir le coupable; mais le
saint s'y opposa de toutes ses forces.

Cependant les juges parvinrent à découvrir les
noms de quatre des principaux coupables : ils

furent pris, et périrent par la corde ou l'épée après avoir fait un complet aveu de leur crime. Le saint archevêque, loin d'avoir aidé à les découvrir, avait fait tous ses efforts pour les sauver. N'ayant pu réussir, il s'occupa de l'intérêt de leurs familles, et parvint à faire sortir de prison un cinquième accusé, qui sans son intervention eût infailliblement péri. Le pape Pie V ayant appris le danger qu'avait couru le cardinal Borromée, s'empressa de le venger en supprimant l'ordre des *Humiliés*, et en distribuant leurs richesses à d'autres bonnes œuvres.

Quelques temps auparavant, l'archevêque de Milan avait tenu un synode diocésain pour pourvoir au besoin de son diocèse ; pendant sa durée il faisait journellement deux discours. Plusieurs évêques ayant jugé convenable de ne pas y assister, il leur fit de très-sévères reproches, leur rappelant que rien n'était capable de les dispenser des devoirs de leur charge. Il força un évêque qui prétextait du peu d'importance de son diocèse pour ne pas y habiter, à y fixer désormais sa résidence habituelle, et il blâma fortement un autre prélat qui avait affirmé n'avoir aucune occupation.

Ce fut encore vers cette époque qu'il dut régler les droits de l'Eglise de la Scala. Les chanoines de Sainte-Marie de la Scala jouissaient depuis longtemps du privilége d'administrer eux-mêmes leur église, et s'étaient placés sous le protectorat de la cour d'Espagne. Protégés par ces avantages, ils menaient librement la vie que bon leur semblait, et plusieurs étaient loin de l'avoir édifiante. D'après les avis du souverain pontife, l'archevêque de Milan voulut visiter ce monastère; mais quand il se présenta les portes furent si violemment fermées, que celui qui portait la croix archiépiscopale en fut renversé. Non contents de cet acte de violence, les chanoines en appelèrent à la cour d'Espagne, prétendant qu'on avait violé un asile dépendant de ce souverain. Ils firent un mémoire dans lequel l'auguste prélat était représenté comme un traître, un ambitieux et un usurpateur. De son côté, le gouverneúr, froissé d'avoir vu l'archevêque mécontenter des gens qui s'étaient placés sous la protection de l'Espagne, écrivit au souverain Pontife une lettre pleine d'injures contre lui, et le pria de l'exiler au plus tôt. Pie V répondit que le saint cardinal ne demandait pas mieux que de souffrir persécution pour la justice, et que tout son tort était d'avoir voulu extirper le vice du sanctuaire. Sur ces entrefaites, le roi d'Espagne enjoignit à son gouverneur d'avoir à changer de conduite, et de protéger de tout son pouvoir la pieuse décision de l'archevêque. Après de semblables ordres, le gouverneur se hâte d'aller demander grâce au prélat, et se mit complétement à sa disposition. Le prévôt des chanoines, effrayé, s'empressa aussi de faire amende honorable, et son exemple fut suivi peu à peu par tous ses collègues. Le pape désirait que les principaux coupables reçussent un châtiment exemplaire ; mais Charles intervint en leur faveur, et les fit absoudre sans condition. Pendant que ses ennemis le calomniaient indignement, il se contentait de répondre

5..

aux outrages par le silence, et demandait pour eux une grâce souveraine auprès du souverain pontife.

En 1569 la récolte fut excessivement mauvaise, et par suite beaucoup de familles manquèrent de pain. Saint Charles se multiplia alors pour visiter les malheureux et porter des secours. Son ardente charité sauva des angoisses de la faim et du désespoir une foule d'infortunés.

III

Pontificat de Grégoire XIII.

Pie V étant mort en 1572, le conclave dut se
réunir pour élire un nouveau pape. Saint Charles,
en qualité de cardinal, se hâta de se rendre à
Rome, et usa de toute son influence pour faire
nommer Grégoire XIII. Ce nouveau pontife ressentit pour l'archevêque de Milan la même estime

qu'avaient eue ses prédécesseurs. Ne pouvant le garder auprès de lui, il voulut au moins le retenir le plus longtemps possible, et, à son départ, il lui donna le droit de visite dans tous les diocèses de ses suffragants.

Saint Charles tonnait avec force, à Milan, contre les licences carnavalesques, les joûtes, les tournois et autres divertissements profanes ; mais sa voix n'était pas écoutée. En 1576, il annonça que Dieu était grandement irrité, et qu'un grand fléau allait causer toutes sortes de ravages dans la ville de Milan. Sa prédiction ne tarda pas à recevoir un terrible accomplissement. Comme il se trouvait à Lodi auprès d'un évêque auquel il rendait les derniers devoirs, il apprit que la peste avait apparu dans sa ville épiscopale. A cette nouvelle, il accourt à Milan et s'empresse de pourvoir à tous les besoins des pestiférés, que l'autorité municipale avait fait placer dans un même lieu. Ayant ensuite demandé à son conseil s'il était préférable qu'il restât à Milan ou qu'il se retirât dans une autre localité, le chapitre lui conseilla le départ; mais il ne voulut pas s'y conformer, et assura que la place de l'évêque devait toujours être là où il y avait danger pour son troupeau. On le vit alors pieds-nus et la corde au cou s'agenouiller devant les autels, suppliant Notre-Seigneur de vouloir bien agréer le sacrifice de sa vie, et épargner son peuple.

Saint Charles fit vendre toute la vaisselle et les meubles de *son palais* pour subvenir aux premiers besoins des nécessiteux. Il se rendait lui-même auprès des malades et leur portait les derniers sacrements. Remarquant que les secours humains étaient impuissants à arrêter l'épidémie, il fit ordonner des processions par toute la ville et les faubourgs. Cette mesure déplut aux magistrats ; ils prétendaient que des réunions étaient capables de redoubler les ravages de la maladie. L'archevêque répondit que non-seulement elles ne causeraient pas de mal, mais que c'était l'unique moyen d'arrêter le fléau. La vérité de ses paroles ne tarda pas à se vérifier : aucun de ceux qui avaient assisté aux processions ne furent atteints de la peste. Tandis que la piété recevait sa

récompense, le vice subissait son châtiment.
Quelques jeunes débauchés ayant voulu noyer
leurs ennuis au milieu des plaisirs, s'étaient
retirés à une campagne peu éloignée de la ville,
et s'y livraient à toutes sortes de débauches et
d'orgies. Au bout de quelques jours le fléau pé-
nétra dans leurs demeures, et pas un seul ne fut
épargné.

L'épidémie dura quatre mois entiers. Quand
elle eut disparu, le saint archevêque rendit à
Dieu de solennelles actions de grâces, et ordonna
des prières publiques pour les malheureuses victimes de la colère divine.

Saint Charles fit à cette époque une visite générale dans tout son diocèse et dans la province
ecclésiastique; il poussa même ses excursions
jusqu'au pays des Grisons où il ramena à la foi
plusieurs zwingliens.

Sous l'administration du duc de Terra-Nuova,
de bonnes relations s'établirent entre le gouverneur et l'archevêché; le gouverneur cherchait toutes les occasions de pouvoir donner au cardinal des

marques d'estime et de respect. Le roi d'Espagne fit féliciter le prélat de sa belle conduite pendant l'épidémie, et de son habileté dans la direction des affaires. Grégoire XIII le combla aussi d'éloges pour tous les actes de dévouement dont il avait fait preuve en ces circonstances.

En 1578, l'archevêque de Milan organisa en société religieuse plusieurs prêtres séculiers qui demandaient à mener une vie plus parfaite ; ils prirent le nom d'*Oblats de saint Ambroise,* et reçurent un règlement de vie. Ces prêtres faisaient vœu d'obéissance parfaite et consentaient à se mettre à la disposition de leurs supérieurs pour remplir toutes sortes d'emplois. Un grand nombre d'entre eux furent envoyés comme missionnaires pour évangéliser les protestants ; les autres furent destinés à diriger des paroisses qui avaient besoin d'être régénérées. Ce fut même à cet ordre qu'incomba plus tard la direction du grand séminaire.

Une association de dames pieuses s'organisa aussi par les soins de l'auguste prélat. Elles adoptèrent une règle, s'éloignèrent des plaisirs frivoles, et redoublèrent d'ardeur pour le service de Dieu. On les voyait assidument dans les églises, suivre tous les offices, visiter les pauvres, et donner au monde l'exemple de toutes les vertus.

Saint Charles fit construire deux hopitaux : un pour les nécessiteux et un pour les malades. Il rendait à l'un et à l'autre de ces établissements de fréquentes visites, où sa charité se montrait inépuisable. Un monastère d'Ursulines fut aussi institué dans le but de donner l'instruction aux filles pauvres, en même temps qu'il était fondé un couvent de capucines pour servir de refuge aux jeunes personnes qui voulaient consacrer à Dieu leur virginité. La fille de son oncle Charles Borromée mourut en odeur de sainteté dans une de ces maisons.

L'archevêque de Milan ne cessait de recommander l'obéissance et l'humilité à toutes les personnes qui venaient lui demander son avis, et ne voulait pas ajouter créance aux visions et aux extases qu'il n'eût eu préalablement des preuves évidentes de l'inspiration divine. Une certaine dame de Milan qui avait fait vœu de chasteté prétendant jouir de visions célestes, on pria le prélat de vouloir bien lui rendre visite ; mais il s'y refusa, en certifiant que les faits n'étaient pas croyables. Le temps se chargea de prouver qu'il ne s'était pas trompé. Lorsqu'il s'agissait de vérifier des reliques, il ne voulait pas accepter celles dont l'authenticité n'était pas complétement avérée. Quant aux miracles, il ne les admettait jamais sur un simple rapport et exigeait toujours pour y ajouter foi des preuves indubitables.

SAINT FRANÇOIS DE SALES.

IV

Mort de saint Charles Borromée.

En 1583, le duc de Savoie tomba grièvement malade à Verceil, et la science médicale désespérait de le guérir. Dès que cette nouvelle eût été annoncée au cardinal de Milan, il s'empressa d'accourir vers lui pour lui porter les secours de la religion. A peine eut-il mis le pied dans l'appartement où se trouvait le duc de Savoie, que ce dernier s'écria : « *Je suis guéri.* » Il le fut en effet, et en reconnaissance de ce miracle il déposa plus tard sur le tombeau du saint archevêque une lampe d'argent.

L'année suivante, saint Charles Borromée voulut se rendre, en compagnie du père Adorno, sur les frontières de la Suisse, afin de s'y livrer à la méditation et de suivre sa retraite annuelle. Avant son départ, il avait prédit à plusieurs personnes que le moment n'était pas éloigné où il lui faudrait quitter cette terre pour passer à l'éternité. Sentant sa mort prochaine, il redoubla de ferveur dans ses exercices religieux. Il semblait déjà ne plus appartenir à la terre tant il était absorbé en Dieu. Lorsqu'il célébrait le saint sacrifice de la messe, d'abondantes larmes mouillaient ses paupières, et il était parfois tellemement ému qu'il était obligé de suspendre ses oraisons. Tout son temps se passait alors aux pieds des autels dans la chapelle du *Sépulcre*. Un évêque, qui le vit plusieurs fois en cette position, prétendit avoir aperçu une auréole de gloire autour de son front, symbole de la couronne qui l'attendait au séjour des élus.

La maladie qui devait causer sa mort s'annonça le 24 octobre par une fièvre tierce, qui fut beaucoup plus violente le surlendemain. Son confesseur lui enjoignit alors de couvrir de paille les planches sur lesquelles il avait coutume de prendre quelques heures de sommeil. Il y consentit par obéissance, mais il ne voulut pas suspendre sa retraite. Un jour il pria à genoux pendant cinq heures consécutives, sans s'apercevoir de la fatigue qu'occasionait cette position. Puis, après avoir fait sa confession générale, il se rendit à Arone où il logea au presbytère. De là il visita successivement Ascone et Conobio en longeant le cours de l'eau. Revenu à Arone, il accepta le secours des médecins, et suivit leurs prescriptions. Toutefois il se prépara à la fête de la Toussaint par un jeûne rigoureux; et malgré son état maladif, se leva selon sa coutume à deux heures du matin pour se mettre en prières : il y resta jusqu'à

ce que la fatigue l'eût contraint à prendre un peu
le repos. Par suite de cette imprudence, la fièvre
devint continue, et il se vit obligé de se faire
transporter à Milan en litière. Le lendemain du
jour des morts, la maladie sembla ralentir ses
progrès, et le saint éprouva quelque soulagement;
mais il ne s'en prévalut pas, sachant fort bien
que l'heure était proche où Dieu allait l'appeler
à lui. En effet des symptômes plus effrayants ne
tardèrent pas à apparaître, et on perdit tout
espoir de le sauver. Bien qu'il connût parfaitement sa position, il ne se montra nullement ému.
Sur sa demande on lui administra les derniers
sacreménts, et il expira plein d'espoir en la miséricorde divine et prononçant ces paroles : *Ecce
venio*.

Avant sa mort, il avait désigné le lieu de sa sé-
pulture et avait fait graver cette simple épitaphe:
« Charles, cardinal du titre de Sainte-Praxède,
» archevêque de Milan, implorant le secours des
» prières du clergé, du peuple et du sexe dévot,
» a choisi ce tombeau de son vivant. » On se con-

tenta d'y ajouter la légende suivante : « Il vécut
» quarante-six ans, un mois et un jour, gouverna
» cette église vingt-quatre ans, huit mois, vingt-
» quatre jours, et mourut le 4 novembre 1584. »
Pour obéir à ses dernières volontés, ses funérail
les furent célébrées le plus simplement possible.

Par testament saint Charles institua pour son
légataire universel l'hopital-général, fit présent
de son argenterie à la cathédrale, accorda sa bi-
bliothèque au chapitre, et légua ses manuscrits
à l'évêque de Verceil.

Peu de temps après la mort du pieux archevêque, un religieux expirait à Gênes, sa patrie, en
odeur de sainteté. C'était le père Adorno, son confesseur. On prétend qu'avant de mourir il avait
vu l'archevêque de Milan dans un songe, et que le
saint lui avait tendu la main en lui disant : « Je
suis heureux, vous me suivrez bientôt. »

Les reliques du saint prélat ne tardèrent pas à
être l'objet d'une haute vénération. Sous le pontificat de Clément VIII le cardinal Baronius ordonna de célébrer chaque année une messe en son

honneur dans la chapelle de l'hopital de Milan. Le pape Paul V le mit au nombre des saints quelques années plus tard. Ses restes furent déposés dans un reliquaire de métal précieux et placés sous un autel d'argent. Des lampes d'or et d'argent brûlent sans cesse dans la chapelle qui lui est consacrée.

LIMOGES. — IMPRIMERIE DE CHARLES BARBOU.